正确理解和大力推进

中国式现代化

——人民日报评论文章合集

人民日报评论部 ◎ 著

人民出版社

策划编辑:郑海燕
封面设计:吴燕妮
责任校对:周晓东

图书在版编目(CIP)数据

正确理解和大力推进中国式现代化:人民日报评论文章合集/
　人民日报评论部 著. —北京:人民出版社,2023.4
ISBN 978－7－01－025537－8

Ⅰ.①正…　Ⅱ.①人…　Ⅲ.①时事评论-中国-文集
　Ⅳ.①D609.9-53

中国国家版本馆 CIP 数据核字(2023)第 048909 号

正确理解和大力推进中国式现代化
ZHENGQUE LIJIE HE DALI TUIJIN ZHONGGUOSHI XIANDAIHUA
——人民日报评论文章合集

人民日报评论部　著

人民出版社 出版发行
(100706　北京市东城区隆福寺街 99 号)

中煤(北京)印务有限公司印刷　新华书店经销

2023 年 4 月第 1 版　2023 年 4 月北京第 1 次印刷
开本:710 毫米×1000 毫米 1/16　印张:11.75
字数:100 千字

ISBN 978－7－01－025537－8　定价:50.00 元

邮购地址 100706　北京市东城区隆福寺街 99 号
人民东方图书销售中心　电话 (010)65250042　65289539

出版说明

　　党的二十大深刻阐释了中国式现代化的中国特色、本质要求和必须牢牢把握的重大原则,擘画了全面建设社会主义现代化国家、以中国式现代化全面推进中华民族伟大复兴的宏伟蓝图。深入学习宣传贯彻党的二十大精神,是当前和今后一个时期全党的首要政治任务。2023 年 2 月,在新进中央委员会的委员、候补委员和省部级主要领导干部学习贯彻习近平新时代中国特色社会主义思想和党的二十大精神研讨班开班式上,习近平总书记发表重要讲话,深刻阐述了中国式现代化的一系列重大理论和实践问题,是对中国式现代化理论的极大丰富和发展,具有很强的政治性、理论性、针对性、指导性。

　　深入学习贯彻习近平总书记重要讲话精神,对于全党正确理解中国式现代化,全面学习、全面把握、全面落实党的二十大精神,扎实推进中国式现代化建设,努力在新征程上开创党和国家事业发展新局面,具有十分重要的意义。为了方便广大读者更好地学习领会,我们汇编了人民日报关于中国式现代化的系列评论文章,供广大读者参考。

目　录

1

五、推进中国式现代化需要处理好若干重大关系

六、不断夺取全面建设社会主义现代化国家新胜利

一、总　论

1

中国式现代化是党领导人民长期探索和实践的重大成果

　　"概括提出并深入阐述中国式现代化理论，是党的二十大的一个重大理论创新，是科学社会主义的最新重大成果。"在新进中央委员会的委员、候补委员和省部级主要领导干部学习贯彻习近平新时代中国特色社会主义思想和党的二十大精神研讨班开班式上，习近平总书记站在党和国家事业发展全局的战略高度，深刻阐述了中国式现代化的一系列重大理论和实践问题。习近平总书记的重要讲话高屋建瓴、视野宏大、思想深邃、内涵丰富，是对中国式现代化理论的极大丰富和发展，具有很强的政治性、理论性、针对性、指导性,对于全党正确理解中国式现代化,全面学习、全面把握、全面落实党的二十大精神,努力在新征程上开创党和国家事业发展新局面,具有十分重要的意义。

近代以后,国家蒙辱、人民蒙难、文明蒙尘,中华民族遭受了前所未有的劫难。为了拯救民族危亡,无数仁人志士奔走呐喊,各种救国方案轮番出台,但都以失败告终。探索中国现代化道路的重任,历史地落在了中国共产党身上。百年来,我们党团结带领中国人民所进行的一切奋斗,就是为了把我国建设成为现代化强国,实现中华民族伟大复兴。在新民主主义革命时期,党团结带领人民,浴血奋战、百折不挠,建立了人民当家作主的中华人民共和国,实现了民族独立、人民解放,为实现现代化创造了根本社会条件。新中国成立后,党团结带领人民进行社会主义革命,确立社会主义基本制度,建立起独立的比较完整的工业体系和国民经济体系,为现代化建设奠定根本政治前提和宝贵经验、理论准备、物质基础。改革开放和社会主义建设新时期,党作出把党和国家工作中心转移到经济建设上来、实行改革开放的历史性决策,大力推进实践基础上的理论创新、制度创新、文化创新以及其他各方面创新,实行社会主义市场经济体制,为中国式现代化提供

4

了充满新的活力的体制保证和快速发展的物质条件。

党的十八大以来，以习近平同志为核心的党中央领导全党全国各族人民砥砺前行，在新中国成立特别是改革开放以来长期探索和实践基础上继续前进，不断实现理论和实践上的创新突破，成功推进和拓展了中国式现代化。在认识上不断深化，创立了习近平新时代中国特色社会主义思想，实现了马克思主义中国化时代化新的飞跃，为中国式现代化提供了根本遵循；进一步深化对中国式现代化的内涵和本质的认识，概括形成中国式现代化的中国特色、本质要求和重大原则，初步构建中国式现代化的理论体系，使中国式现代化更加清晰、更加科学、更加可感可行。在战略上不断完善，深入实施科教兴国战略、人才强国战略、乡村振兴战略等一系列重大战略，为中国式现代化提供坚实战略支撑。在实践上不断丰富，推进一系列变革性实践、实现一系列突破性进展、取得一系列标志性成果，推动党和国家事业取得历史性成就、发生历史性变革，特别是消除了绝对贫困问题，全面建成小康社会，为中国式现代化提供了更为完善的制度保证、更为坚实的物质基础、更为主动的精神力量。

习近平总书记深刻指出："中国式现代化是我们

党领导全国各族人民在长期探索和实践中历经千辛万苦、付出巨大代价取得的重大成果，我们必须倍加珍惜、始终坚持、不断拓展和深化。"进入新时代，党和国家面临的形势之复杂、斗争之严峻、改革发展稳定任务之艰巨世所罕见、史所罕见，正是因为确立了习近平同志党中央的核心、全党的核心地位，确立了习近平新时代中国特色社会主义思想的指导地位，党才有力解决了影响党长期执政、国家长治久安、人民幸福安康的突出矛盾和问题，从根本上确保实现中华民族伟大复兴进入了不可逆转的历史进程，中国式现代化得到成功推进和拓展。实践充分表明，"两个确立"是战胜一切艰难险阻、应对一切不确定性的最大确定性、最大底气、最大保证，对新时代党和国家事业发展、对推进中华民族伟大复兴历史进程具有决定性意义。新征程上，深刻领悟"两个确立"的决定性意义，坚定不移在思想上政治上行动上同以习近平同志为核心的党中央保持高度一致，坚持道不变、志不改，坚持把国家和民族发展放在自己力量的基点上、把中国发展进步的命运牢牢掌握在自己手中，沿着中国式现代化的康庄大道阔步前行，就一定能够把我国建设成为富强民主文明和谐美丽的社会主义现代化强国。

党的二十大深刻阐释了中国式现代化的中国特色、本质要求和必须牢牢把握的重大原则,擘画了全面建设社会主义现代化国家、以中国式现代化全面推进中华民族伟大复兴的宏伟蓝图,明确了新时代新征程党和国家事业发展的目标任务,吹响了奋进新征程的时代号角。习近平总书记在这次研讨班开班式上的重要讲话中进一步指出"党的领导直接关系中国式现代化的根本方向、前途命运、最终成败""中国式现代化既有各国现代化的共同特征,更有基于自己国情的鲜明特色""中国式现代化为广大发展中国家独立自主迈向现代化树立了典范,为其提供了全新选择",强调"推进中国式现代化是一个系统工程,需要统筹兼顾、系统谋划、整体推进",要求"必须增强忧患意识,坚持底线思维,居安思危、未雨绸缪,敢于斗争、善于斗争,通过顽强斗争打开事业发展新天地"。我们要把思想和行动统一到习近平总书记重要讲话精神上来,统一到党中央决策部署上来,扎实抓好本地区本部门本单位各项工作,扎实推进中国式现代化建设,坚定不移把党的二十大提出的目标任务落到实处。

　　中国式现代化是我们党领导人民长期探索和实践的重大成果,是一项伟大而艰巨的事业。惟其艰巨,所以伟大;惟其艰巨,更显荣光。现在,全党全国各族人民正意气风发迈上全面建设社会主义现代化国家新征程,向第二个百年奋斗目标进军,以中国式现代化全面推进中华民族伟大复兴。让我们更加紧密地团结在以习近平同志为核心的党中央周围,全面贯彻习近平新时代中国特色社会主义思想,深刻领悟"两个确立"的决定性意义,增强"四个意识"、坚定"四个自信"、做到"两个维护",坚定不移走中国式现代化这条强国建设、民族复兴的唯一正确道路,坚定信心、团结奋斗,求真务实、顽强拼搏,不断谱写新时代中国特色社会主义新篇章,奋力夺取全面建设社会主义现代化国家新胜利。

(《人民日报》2023年2月9日)

2

中国式现代化是中国共产党
领导的社会主义现代化

党的二十大报告强调,中国式现代化是中国共产党领导的社会主义现代化。在新进中央委员会的委员、候补委员和省部级主要领导干部学习贯彻习近平新时代中国特色社会主义思想和党的二十大精神研讨班开班式上,习近平总书记深入阐释党在中国式现代化建设中的领导地位,深刻指出"党的领导直接关系中国式现代化的根本方向、前途命运、最终成败"。

回首百年历程,中国共产党肩负起探索中国现代化道路的重任,团结带领人民以不懈奋斗深刻改变了近代以后中华民族发展的方向和进程,深刻改变了中国人民和中华民族的前途和命运,深刻改变了世界发展的趋势和格局。放眼中华文明五千多年历史,没有哪一种政治力量能像中国共产党这样深刻地、历史性地推动中华民族发展进程。只有在中国共产党领导下，我们的国家才彻底改变积贫积弱的面貌、向着现代化目标迈进，我们的民族才彻底从沉沦中奋起、迎来伟大复兴的光明前景，我们的人民才彻底摆脱备受剥削被压迫的地位、真正掌握自己的命运。历史和实践充分表明，中国式现代化的重大成果，正是我们党领导全国各族人民在长期探索和实践中取得的，历经了千辛万苦，付出了巨大代价。历史和人民选择了中国共产党，中国共产党也没有辜负历史和人民的选择。

中国共产党是最高政治领导力量，中国共产党领导是党和国家的根本所在、命脉所在，是全国各族人民的利益所系、命运所系。党的性质宗旨、初心使命、信仰信念、政策主张，决定了中国式现代化是社会主义现代化，而不是别的什么现代化。我们党始终高举中国特色社会主义伟大旗帜，既坚持科学社会主义基本原则，又不断赋予其鲜明的中国特色和时代内涵，坚定不移走中国特色社会主义道路，确保中国式现代化在正确的轨道上顺利推进。我们党坚持把马克思主义作为根本指导思想，不断深化对共产党执政规律、社会主义建设规律、人类社会发展规律的认识，不断开辟马克思主义中国化时代化新境界，为中国式现代化提供科学指引。我们党坚持和完善中国特色社会主义制度，不断推进国家治理体系和治理能力现代化，形成包括中国特色社会主义根本制度、基本制度、重要制度在内的一整套制度体系，为中国式现代化稳步前行提供坚强制度保证。我们党坚持和发展中国特色社会主义文化，激发全民族文化创新创造活力，为中国式现代化提供强大精神力量。正如习近平总书记强调的："党的领导决定中国式现代化的根本性质，只有毫不动摇坚持党的领导，中国式现代化才能前景光明、繁荣兴盛；否则就会偏离航向、丧失灵魂，甚至犯颠覆性错误。"

党的二十大报告明确提出中国式现代化的本质要求，首要的就是"坚持中国共产党领导"；明确提出中国式现代化必须牢牢把握的重大原则，第一条就是"坚持和加强党的全面领导"。要深刻认识到，百年来，我们党团结带领人民所进行的一切奋斗，就是为了把我国建设成为现代化强国，实现中华民族伟大复兴。不管形势和任务如何变化，不管遇到什么样的惊涛骇浪，我们党都始终把握历史主动、锚定奋斗目标，沿着正确方向坚定前行，一代一代地接力推进，取得了举世瞩目、彪炳史册的辉煌业绩。实践充分证明：党的领导确保中国式现代化锚定奋斗目标行稳致远。要深刻认识到,中国式现代化是前无古人的开创性事业,需要我们探索创新。我们党始终勇于改革创新,不断破除各方面体制机制弊端,为中国式现代化注入不竭动力。实践充分证明:党的领导激发建设中国式现代化的强劲动力。要深刻认识到,团结就是力量,团结才能胜利。全面建设社会主义现代化国家,必须充分发挥亿万人民的创造伟力。我们党始终坚持党的群众路线,坚持以人民为中心的发展思想,发展全过程人民民主,充分激发全体人民的主人翁精神。实践充分证明:党的领导凝聚建设中国式现代化的磅礴力量。前进道路上,只要坚定不移坚持和加强党的全面领导,坚决维护党中央权威和集中统一领导,把党的领导落实到党和国家事业各领域各方面各环节,使党始终成为风雨来袭时全体人民最可靠的主心骨,就一定能确保我国社会主义现代化建设正确方向,确保拥有团结奋斗的强大政治凝聚力、发展自信心,集聚起万众一心、共克时艰的磅礴力量。

回望过往的奋斗路,我们党团结带领人民取得了新民主主义革命、社会主义革命和建设、改革开放和社会主义现代化建设的伟大胜利,开创了中国特色社会主义新时代。眺望前方的奋进路,新征程是充满光荣和梦想的远征,党的二十大擘画了全面建设社会主义现代化国家、以中国式现代化全面推进中华民族伟大复兴的宏伟蓝图,吹响了奋进新征程的时代号角。全面建设社会主义现代化国家、全面推进中华民族伟大复兴,关键在党。向着新目标,奋楫再出发,让我们更加紧密地团结在以习近平同志为核心的党中央周围,全面贯彻习近平新时代中国特色社会主义思想,深刻领悟"两个确立"的决定性意义,增强"四个意识"、坚定"四个自信"、做到"两个维护",坚定历史自信,增强历史主动,心往一处想、劲往一处使,以咬定青山不放松的执着奋力实现既定目标,沿着中国式现代化这条强国建设、民族复兴的唯一正确道路阔步前进!

(《人民日报》2023 年 2 月 10 日)

3

中国式现代化是强国建设、
民族复兴的康庄大道

实现中华民族伟大复兴，道路是最根本的问题。在新进中央委员会的委员、候补委员和省部级主要领导干部学习贯彻习近平新时代中国特色社会主义思想和党的二十大精神研讨班开班式上，习近平总书记深刻指出"中国式现代化既有各国现代化的共同特征，更有基于自己国情的鲜明特色"，强调"中国式现代化走得通、行得稳，是强国建设、民族复兴的唯一正确道路"。

现代化不是单选题。历史条件的多样性，决定了各国选择发展道路的多样性。一个国家走向现代化，既要遵循现代化一般规律，更要符合本国实际，具有本国特色。走的道路行不行，关键要看是否符合本国国情，是否顺应时代发展潮流，能否带来经济发展、社会进步、民生改善、社会稳定,能否得到人民支持和拥护,能否为人类进步事业作出贡献。中国式现代化是党领导人民长期探索和实践的重大成果,符合中国实际、反映中国人民意愿、适应时代发展要求,既体现了社会主义建设规律,也体现了人类社会发展规律,是实现社会主义现代化的必由之路,是创造人民美好生活的必由之路,是实现中华民族伟大复兴的必由之路。

走自己的路,是党的全部理论和实践立足点。百年来,党的奋斗目标一以贯之,一代一代地接力推进。我们走过弯路,也遭遇过一些意想不到的困难和挫折,但建设社会主义现代化国家的意志和决心始终没有动摇。新中国成立特别是改革开放以来,我们用几十年时间走完西方发达国家几百年走过的工业化历程,创造了经济快速发展和社会长期稳定的奇迹,成功走出了中国式现代化道路,为中华民族伟大复兴开辟了广阔前景。党的十八大以来,我们党在已有基础上继续前进,在认识上不断深化,在战略上不断完善,在实践上不断丰富,不断实现理论和实践上的创新突破,成功推进和拓展了中国式现代化。十年砥砺奋进,我们实现了小康这个中华民族的千年梦想,打赢了人类历史上规模最大的脱贫攻坚战,历史性地解决了绝对贫困问题；人民群众获得感、幸福感、安全感更加充实、更有保障、更可持续，共同富裕取得新成效；中国人民的前进动力更加强大、奋斗精神更加昂扬、必胜信念更加坚定，焕发出更为强烈的历史自觉和主动精神；生态环境保护发生历史性、转折性、全局性变化，祖国天更蓝、山更绿、水更清；我国国际影响力、感召力、塑造力显著提升，为解决人类面临的共同问题提供更多更好的中国智慧、中国方案、中国力量。实践充分证明，中国式现代化不仅走得对、走得通，而且走得稳、走得好！

党的二十大报告明确概括了中国式现代化五个方面的中国特色，深刻揭示了中国式现代化的科学内涵。习近平总书记在这次研讨班开班式上的重要讲话中指出："这既是理论概括，也是实践要求，为全面建成社会主义现代化强国、实现中华民族伟大复兴指明了一条康庄大道。"人口规模巨大的现代化，这是中国式现代化的显著特征。我们不同于几十万人、几百万人、几千万人的现代化，而是14亿多人口的现代化，规模超过现有发达国家人口的总和，这既是最难的，也是最伟大的。只有始终从国情出发想问题、作决策、办事情，坚持稳中求进、循序渐进、持续推进，才能使14亿多人口整体迈进现代化社会。全体人民共同富裕的现代化,这是中国式现代化的本质特征。只有坚持把实现人民对美好生活的向往作为现代化建设的出发点和落脚点,着力维护和促进社会公平正义,才能促进全体人民共同富裕。物质文明和精神文明相协调的现代化,既要物质富足也要精神富有,是中国式现代化的崇高追求。只有不断厚植现代化的物质基础,不断满足人民日益增长的精神文化需求,才能促进物的全面丰富和人的全面发展。人与自然和谐共生的现代化,尊重自然、顺应自然、保护自然,促进人与自然和谐共生,是中国式现代化的鲜明特点。只有同步推进物质文明建设和生态文明建设,坚定不移走生产发展、生活富裕、生态良好的文明发展道路,才能实现中华民族永续发展。走和平发展道路的现代化,坚持和平发展,在坚定维护世界和平与发展中谋求自身发展,又以自身发展更好维护世界和平与发展,推动构建人类命运共同体,是中国式现代化的突出特征。只有坚定站在历史正确的一边、站在人类文明进步的一边,高举和平、发展、合作、共赢旗帜,才能推动历史车轮向着光明的前途前进。

中国式现代化是一项伟大而艰巨的事业。惟其艰巨,所以伟大;惟其艰巨,更显荣光。当前,世界百年未有之大变局加速演进,我国发展进入战略机遇和风险挑战并存、不确定难预料因素增多的时期。我们比历史上任何时期都更接近、更有信心和能力实现中华民族伟大复兴的目标,同时必须准备付出更为艰巨、更为艰苦的努力。前进道路上,我们要始终不渝地坚持和加强党的全面领导,把党的领导落实到党和国家事业各领域各方面各环节,确保我国社会主义现代化建设正确方向;坚持中国特色社会主义道路,坚定志不改、道不变的决心,把我国发展进步的命运牢牢掌握在自己手中;坚持以人民为中心的发展思想,不断实现发展为了人民、发展依靠人民、发展成果由人民共享,让现代化建设成果更多更公平惠及全体人民;坚持深化改革开放,不断增强社会主义现代化建设的动力和活力,把我国制度优势更好转化为国家治理效能;坚持发扬斗争精神,全力战胜前进道路上各种困难和挑战,依靠顽强斗争打开事业发展新天地。

大道之行,壮阔无垠;大道如砥,行者无疆。以中国式现代化全面推进中华民族伟大复兴,我们具有无比广阔的舞台,具有无比深厚的历史底蕴,具有无比强大的前进定力。把思想和行动统一到习近平总书记重要讲话精神上来,统一到党中央决策部署上来,全面贯彻落实党的二十大精神,扎实推进中国式现代化建设,坚定不移走好自己的路,心无旁骛做好自己的事,全面建成社会主义现代化强国的目标一定能够实现,中华民族伟大复兴的中国梦一定能够实现!

（《人民日报》2023 年 2 月 11 日）

4

中国式现代化创造了
人类文明新形态

　　党和人民事业是人类进步事业的重要组成部分。在新进中央委员会的委员、候补委员和省部级主要领导干部学习贯彻习近平新时代中国特色社会主义思想和党的二十大精神研讨班开班式上,习近平总书记指出"中国式现代化,深深植根于中华优秀传统文化,体现科学社会主义的先进本质,借鉴吸收一切人类优秀文明成果,代表人类文明进步的发展方向,展现了不同于西方现代化模式的新图景,是一种全新的人类文明形态",强调"中国式现代化为广大发展中国家独立自主迈向现代化树立了典范,为其提供了全新选择"。

　　实现现代化是世界各国人民的共同追求。在追求现代化的艰苦卓绝奋斗中,我们党领导人民不仅创造了世所罕见的经济快速发展和社会长期稳定两大奇迹,而且成功走出了中国式现代化道路,创造了人类文明新形态。特别是党的十八大以来,我们党在已有基础上继续前进,不断实现理论和实践上的创新突破,成功推进和拓展了中国式现代化。十年砥砺前行,以习近平同志为核心的党中央提出实现中华民族伟大复兴的中国梦,以中国式现代化推进中华民族伟大复兴,坚持和发展中国特色社会主义,推动物质文明、政治文明、精神文明、社会文明、生态文明协调发展,不断丰富和发展人类文明新形态,推动党和国家事业取得历史性成就、发生历史性变革,中华民族迎来了从站起来、富起来到强起来的伟大飞跃,中国共产党和中国人民为解决人类面临的共同问题提供更多更好的中国智慧、中国方案、中国力量,为人类和平与发展崇高事业作出新的更大的贡献。实践充分表明,中国式现代化扎根中国大地,既切合中国实际,体现了社会主义建设规律,也体现了人类社会发展规律,为人类实现现代化提供了新的选择。中国式现代化道路越走越宽广,必将更好发展自身、造福世界。

习近平总书记强调:"中国式现代化,打破了'现代化＝西方化'的迷思,展现了现代化的另一幅图景,拓展了发展中国家走向现代化的路径选择,为人类对更好社会制度的探索提供了中国方案。"必须深刻认识到,世界上既不存在定于一尊的现代化模式,也不存在放之四海而皆准的现代化标准。新中国成立特别是改革开放以来,我们用几十年时间走完西方发达国家几百年走过的工业化历程,创造了举世瞩目的发展成就,为中华民族伟大复兴开辟了广阔前景,这充分表明:治理一个国家,推动一个国家实现现代化,并不只有西方制度模式这一条道,各国完全可以走出自己的道路来。中国式现代化开辟了发展中国家走向现代化的新路径,打破了只有西方资本主义道路才能实现现代化的神话,也用事实宣告了"历史终结论"的破产,宣告了各国最终都要以西方制度模式为归宿的单线式历史观的破产。我们要坚持党的基本理论、基本路线、基本方略不动摇,坚定道路自信、理论自信、制度自信、文化自信,坚定不移走好自己的路,心无旁骛做好自己的事,坚持把国家和民族发展放在自己力量的基点上,坚持把我国发展进步的命运牢牢掌握在自己手中。

党的二十大对中国式现代化的本质要求作出科学概括。这个概括是党深刻总结我国和世界其他国家现代化建设的历史经验,对我国这样一个东方大国如何加快实现现代化在认识上不断深化、战略上不断完善、实践上不断丰富而形成的思想理论结晶。习近平总书记指出："中国式现代化蕴含的独特世界观、价值观、历史观、文明观、民主观、生态观等及其伟大实践，是对世界现代化理论和实践的重大创新。"要深刻认识到，中国式现代化理论是基于中国国情、中国现实的重大理论创新，既体现了我国现代化发展方向，也代表人类文明进步的发展方向；中国式现代化前无古人的创举，破解了人类社会发展的诸多难题，摒弃了西方以资本为中心的现代化、两极分化的现代化、物质主义膨胀的现代化、对外扩张掠夺的现代化老路。前进道路上，我们要始终不渝地坚持中国共产党领导，坚持中国特色社会主义，实现高质量发展，发展全过程人民民主，丰富人民精神世界，实现全体人民共同富裕，促进人与自然和谐共生，推动构建人类命运共同体，创造人类文明新形态。要拓展世界眼光，坚持对外开放，积极学习借鉴世界各国现代化的成功经验，在交流互鉴中不断拓展中国式现代化的广度和深度。

当今世界，虽然许多国家都在努力建设现代化，但真正全面建成现代化的国家并不多。一些发展中国家不顾自身发展的国情和历史方位，全盘照搬西方模式，结果发展过程极为艰难。归根结底，人类历史上没有一个民族、一个国家可以通过依赖外部力量、照搬外国模式、跟在他人后面亦步亦趋实现强大和振兴。我国的现代化建设之所以能够取得今天这样的好局面，根本在于我们的现代化是中国共产党领导的社会主义现代化，既有各国现代化的共同特征，更有基于自己国情的中国特色。中国式现代化之所以取得成功，就是因为它切合中国实际、反映中国人民意愿、适应时代发展要求，是我们党扎根中国大地、独立自主探索出来的现代化道路。中国式现代化的成功实践，为广大发展中国家独立自主迈向现代化树立了典范，给世界上那些既希望加快发展又希望保持自身独立性的国家和民族提供了全新选择。

中国共产党是为中国人民谋幸福、为中华民族谋复兴的党，也是为人类谋进步、为世界谋大同的党。心中装着百姓，手中握有真理，脚踏人间正道，我们信心十足、力量十足。面向未来，更加紧密地团结在以习近平同志为核心的党中央周围，全面贯彻习近平新时代中国特色社会主义思想，坚定站在历史正确的一边、站在人类文明进步的一边，坚持以中国式现代化全面推进中华民族伟大复兴，我们完全有信心有能力在新时代新征程创造令世人刮目相看的新的更大奇迹,为人类文明进步和世界和平发展作出新的更大贡献。

(《人民日报》2023 年 2 月 12 日)

5

推进中国式现代化
需要处理好若干重大关系

"推进中国式现代化是一个系统工程,需要统筹兼顾、系统谋划、整体推进",在新进中央委员会的委员、候补委员和省部级主要领导干部学习贯彻习近平新时代中国特色社会主义思想和党的二十大精神研讨班开班式上,习近平总书记对推进中国式现代化需要处理好的若干重大关系作出深刻阐释、提出明确要求,充分体现了马克思主义唯物辩证的思想方法,是我们党对推进中国式现代化认识的进一步深化。

党的二十大擘画了全面建设社会主义现代化国家、以中国式现代化全面推进中华民族伟大复兴的宏伟蓝图,吹响了奋进新征程的时代号角。正确处理好顶层设计与实践探索、战略与策略、守正与创新、效率与公平、活力与秩序、自立自强与对外开放等一系列重大关系,对于全党正确理解中国式现代化,紧密联系我国发展面临的新的战略机遇、新的战略任务、新的战略阶段、新的战略要求、新的战略环境,深刻认识实现全面建设社会主义现代化国家各项目标任务的艰巨性和复杂性,增强贯彻落实的自觉性和坚定性,努力在新征程上开创党和国家事业发展新局面,具有十分重要的意义。

顶层设计与实践探索是辩证统一的。党的二十大报告深刻阐述了中国式现代化的中国特色、本质要求、重大原则,这是推进中国式现代化的顶层设计。中国式现代化是分阶段、分领域推进的。实现各阶段发展目标,落实各领域发展战略,同样需要进行顶层设计。习近平总书记指出:"进行顶层设计,需要深刻洞察世界发展大势,准确把握人民群众的共同愿望,深入探索经济社会发展规律,使制定的规划和政策体系体现时代性、把握规律性、富于创造性,做到远近结合、上下贯通、内容协调。"推进中国式现代化是一个探索性事业,还有许多未知领域,需要我们在实践中去大胆探索,通过改革创新来推动事业发展,决不能刻舟求剑、守株待兔。各地区各部门要结合各自具体实际开拓创新,特别是在前沿实践、未知领域,鼓励大胆探索、敢为人先,寻求有效解决新矛盾新问题的思路和办法,努力创造可复制、可推广的新鲜经验。

正确运用战略策略是我们党创造辉煌历史、成就千秋伟业、战胜各种风险挑战、不断从胜利走向胜利的成功秘诀。推进中国式现代化必须把这一成功秘诀总结好、运用好。要增强战略的前瞻性,准确把握事物发展的必然趋势,敏锐洞悉前进道路上可能出现的机遇和挑战,以科学的战略预见未来、引领未来;增强战略的全局性,谋划战略目标、制定战略举措、作出战略部署,都要着眼于解决事关党和国家事业兴衰成败、牵一发而动全身的重大问题;增强战略的稳定性,战略一经形成,就要长期坚持、一抓到底、善作善成,不要随意改变。策略是在战略指导下为战略服务的,是战略实施的科学方法。要把战略的原则性和策略的灵活性有机结合起来,灵活机动、随机应变、临机决断,在因地制宜、因势而动、顺势而为中把握战略主动。

守正创新是我们党在新时代治国理政中的重要思维方法。守正才能不迷失方向、不犯颠覆性错误,创新才能把握时代、引领时代。中国式现代化的探索就是一个在继承中发展、在守正中创新的历史过程。在推进中国式现代化的新征程上,首先要守好中国式现代化的本和源、根和魂，毫不动摇坚持中国式现代化的中国特色、本质要求、重大原则，确保中国式现代化的正确方向。同时要把创新摆在国家发展全局的突出位置，顺应时代发展要求，着眼于解决重大理论和实践问题，积极识变应变求变，大力推进改革创新，不断塑造发展新动能新优势，让创新在全社会蔚然成风。

公平要建立在效率的基础上，效率也要以公平为前提才得以持续。只有处理好效率与公平的关系，在做大蛋糕的同时分好蛋糕，才能让现代化建设成果更多更公平惠及全体人民。中国式现代化既要创造比资本主义更高的效率，又要更有效地维护社会公平，更好实现效率与公平相兼顾、相促进、相统一。要坚持和完善社会主义基本经济制度，毫不动摇巩固和发展公有制经济，毫不动摇鼓励、支持、引导非公有制经济发展，充分发挥市场在资源配置中的决定性作用，更好发挥政府作用，构建全国统一大市场，深化要素市场化改革，建设高标准市场体系，营造市场化、法治化、国际化一流营商环境，着力提高全要素生产率，加快建立以权利公平、机会公平、规则公平为主要内容的社会公平保障体系，保证人民平等参与、平等发展权利，扎实推进全体人民共同富裕取得更为明显的实质性进展。

一个现代化的社会,应该既充满活力又拥有良好秩序,呈现出活力和秩序有机统一。中国式现代化应当实现、能够实现活而不乱、活跃有序的动态平衡。要深化各方面的体制机制改革,充分释放全社会创造潜能,鼓励科学家、企业家、艺术家等各方面人才特别是青年人才创新创造。要采取切实有效措施解决不愿担当、不敢担当、不善担当等问题,充分调动广大党员干部干事创业的积极性。要形成劳动创造财富、实干创造业绩、奋斗创造幸福的正确导向,充分激发全社会创造活力。要统筹发展和安全,贯彻总体国家安全观,健全国家安全体系,增强维护国家安全能力,坚定维护国家政权安全、制度安全、意识形态安全和重点领域安全。

推进中国式现代化必须坚持独立自主、自立自强,坚持把国家和民族发展放在自己力量的基点上,坚持把我国发展进步的命运牢牢掌握在自己手中。要加快构建新发展格局,夯实我国经济发展的根基、增强发展的安全性稳定性,增强我国的生存力、竞争力、发展力、持续力。要健全新型举国体制,强化国家战略科技力量,加快科技自立自强步伐,解决"卡脖子"问题。要不断扩大高水平对外开放,深度参与全球产业分工和合作,用好国内国际两种资源,拓展中国式现代化的发展空间。

习近平总书记指出:"中国式现代化,是我们为如何唤醒'睡狮'、实现民族复兴这个重大历史课题所给出的答案,是选择自己的道路、做自己的事情。"新征程是充满光荣和梦想的远征。向着新目标,奋楫再出发,我们要坚定志不改、道不变的决心,在自己选择的正确道路上昂首阔步走下去,矢志不渝、笃行不怠,坚定不移以中国式现代化全面推进中华民族伟大复兴。我们坚信,一个不断走向现代化的中国,必将为世界提供更多机遇,为国际合作注入更强动力,为全人类进步作出更大贡献!

(《人民日报》2023 年 2 月 13 日)

6

推进中国式现代化
必须进行伟大斗争

"推进中国式现代化,是一项前无古人的开创性事业,必然会遇到各种可以预料和难以预料的风险挑战、艰难险阻甚至惊涛骇浪"。在新进中央委员会的委员、候补委员和省部级主要领导干部学习贯彻习近平新时代中国特色社会主义思想和党的二十大精神研讨班开班式上,习近平总书记深入分析国际国内大势,科学把握我们面临的战略机遇和风险挑战,强调"必须增强忧患意识,坚持底线思维,居安思危、未雨绸缪,敢于斗争、善于斗争,通过顽强斗争打开事业发展新天地"。

敢于斗争、敢于胜利是我们党的鲜明品格,是党和人民不可战胜的强大精神力量。历史反复证明,以斗争求安全则安全存,以妥协求安全则安全亡;以斗争谋发展则发展兴,以妥协谋发展则发展衰。我们党依靠斗争走到今天,也必然要依靠斗争赢得未来。推进中国式现代化,要把握新的伟大斗争的历史特点,发扬斗争精神,坚定斗争意志,增强斗争本领,掌握斗争主动权,有效应对重大挑战、抵御重大风险、克服重大阻力、解决重大矛盾,战胜前进道路上的一切艰难险阻,不断夺取新时代伟大斗争的新胜利。

保持战略清醒,对各种风险挑战做到胸中有数。新时代新征程,我国发展面临新的战略机遇、新的战略任务、新的战略阶段、新的战略要求、新的战略环境。当前,世界百年未有之大变局加速演进,世纪疫情影响深远,逆全球化思潮抬头,单边主义、保护主义明显上升,世界经济复苏乏力,局部冲突和动荡频发,全球性问题加剧,世界进入新的动荡变革期,来自外部的风险挑战始终存在并日益凸显。我国改革发展稳定面临不少深层次矛盾躲不开、绕不过,党的建设特别是党风廉政建设和反腐败斗争面临不少顽固性、多发性问题。我国发展进入战略机遇和风险挑战并存、不确定难预料因素增多的时期,各种"黑天鹅""灰犀牛"事件随时可能发生,需要应对的风险挑战、防范化解的矛盾问题比以往更加严峻复杂。我们要始终保持时时放心不下的责任意识和箭在弦上的备战姿态,在面对各种矛盾问题和重大风险挑战时始终做到方向明确、头脑清醒、应对有方、行动有力。

保持战略自信,增强斗争的底气。进入新时代,党和国家面临的形势之复杂、斗争之严峻、改革发展稳定任务之艰巨世所罕见、史所罕见。在以习近平同志为核心的党中央坚强领导下,我们党紧紧依靠人民,有效应对严峻复杂的国际形势和接踵而至的巨大风险挑战,以奋发有为的精神把新时代中国特色社会主义不断推向前进,攻克了一个个看似不可攻克的难关险阻,党和国家事业取得历史性成就、发生历史性变革,在党史、新中国史、改革开放史、社会主义发展史、中华民族发展史上具有里程碑意义,对党、对中国人民、对社会主义现代化建设、对科学社会主义在 21 世纪中国的发展具有深远影响。大道之行,天下为公。我们坚定站在历史正确的一边、站在人类文明进步的一边,走人间正道,干正义事业,在坚定维护世界和平与发展中谋求自身发展,又以自身发展更好维护世界和平与发展。面向未来,时与势在我们一边,这是我们定力和底气所在,也是我们的决心和信心所在。我们要坚定战略自信、保持必胜信念,坚持新时代党的创新理论和战略布局、战略举措不动摇,把党中央决策部署落到实处,坚持道不变、志不改,坚定不移走好自己的路,心无旁骛做好自己的事,奋力开创事业发展新局面。要敏锐洞悉前进道路上可能出现的机遇和挑战,增强斗争的志气、骨气、底气,不信邪、不怕鬼、不怕压,知难而进、迎难而上,勇于迎击任何狂风暴雨、战胜任何惊涛骇浪,把我国发展进步的命运牢牢掌握在自己手中。

保持战略主动,增强斗争本领。当前,世界之变、时代之变、历史之变正以前所未有的方式展开,这是改革开放以来从未遇到过的,给我国的现代化建设提出了一系列新课题新挑战,直接考验我们的斗争勇气、战略能力、应对水平。领导干部要有草摇叶响知鹿过、松风一起知虎来、一叶易色而知天下秋的见微知著能力,保持强烈的忧患意识、风险意识,加强对各种风险隐患的研判,做足预案,下好先手棋,打好主动仗,及时精准拆弹,增强防范化解风险的意识和本领。要加强能力提升,让领导干部特别是年轻干部经受严格的思想淬炼、政治历练、实践锻炼、专业训练,在复杂严峻的斗争中经风雨、见世面、壮筋骨、长才干。注重在严峻复杂斗争中考察识别干部,为敢于善于斗争、敢于担当作为、敢抓善管不怕得罪人的干部撑腰鼓劲,看准的就要大胆使用。

习近平总书记强调："推进中国式现代化必须抓好开局之年的工作。"今年是全面贯彻落实党的二十大精神的开局之年。开局关乎全局，起步决定后程。我们要以斗争精神迎接挑战，以奋进拼搏开辟未来，完成全年目标任务，为全面建设社会主义现代化国家开好局起好步，为实现第二个百年奋斗目标奠定良好基础。让我们更加紧密地团结在以习近平同志为核心的党中央周围，坚持以习近平新时代中国特色社会主义思想为指导，深刻领悟"两个确立"的决定性意义，增强"四个意识"、坚定"四个自信"、做到"两个维护"，保持"越是艰险越向前"的英雄气概，保持"敢教日月换新天"的昂扬斗志，敢于斗争、善于斗争，逢山开道、遇水架桥，全力战胜前进道路上各种困难和挑战，不断夺取全面建设社会主义现代化国家新胜利，奋力谱写新时代中国特色社会主义更加绚丽的华章！

（《人民日报》2023 年 2 月 14 日）

二、中国式现代化的中国特色和本质要求

1

成功推进和拓展了中国式现代化

人民日报评论部

2020年10月，正值丰收的金秋时节。在广东省考察的习近平总书记来到汕头市，走进开埠文化陈列馆。在孙中山《建国方略》相关规划图前，习近平总书记驻足凝视。100多年前，孙中山先生在《建国方略》中描绘了中国现代化第一份蓝图。如今，铁路进青藏、公路密成网、高峡出平湖、港口连五洋、产业门类齐、"天和"驻太空、"祝融"探火星……"只有我们中国共产党人实现了"，习近平总书记感慨地说。百年复兴路，苦难铸辉煌，中国式现代化之路气象万千、前景光明。

一切成功发展振兴的民族，都是找到了适合自己实际的道路的民族。习近平总书记在党的二十大报告中郑重宣示："在新中国成立特别是改革开放以来长期探索和实践基础上，经过十八大以来在理论和实践上的创新突破,我们党成功推进和拓展了中国式现代化。"学习宣传贯彻党的二十大精神,一个重要内容就是深刻领会中国式现代化的中国特色、本质要求和必须牢牢把握的重大原则,深刻理解中国式现代化理论和全面建设社会主义现代化国家战略布局的关系,认识到前者是后者的理论支撑,从而深刻理解全面建设社会主义现代化国家战略布局的科学性和必然性。

一个国家走的道路行不行,关键要看是否符合本国国情,是否顺应时代发展潮流,能否带来经济发展、社会进步、民生改善、社会稳定,能否得到人民支持和拥护,能否为人类进步事业作出贡献。新时代这十年,我国经济总量突破 110 万亿元大关,书写了经济快速发展和社会长期稳定两大奇迹新篇章;建成世界上规模最大的教育体系、社会保障体系、医疗卫生体系,人民生活全方位改善,共同富裕取得新成效;国家文化软实力和中华文化影响力大幅提升,全党全国各族人民文化自信明显增强,物质富足和精神富有更加相得益彰;生态环境保护发生历史性、转折性、全局性变化,我们的祖国天更蓝、山更绿、水更清,绿色发展之路越走越宽广;推动构建人类命运共同体,倡导践行真正的多边主义,我国国际影响力、感召力、塑造力显著提升。

正所谓现实的成功是最好的理论,没有一种抽象的教条能够和它辩论,新时代十年党和国家事业取得的历史性成就、发生的历史性变革充分说明,中国式现代化之路不仅走得对、走得通,而且走得稳、走得好。

我们推进的现代化,是中国共产党领导的社会主义现代化。实现现代化是世界各国人民的共同追求,但每个国家的历史传承、文化传统、基本国情不同,因此世界上既不存在定于一尊的现代化模式,也不存在放之四海而皆准的现代化标准。中国式现代化之所以取得成功,就是因为它符合中国实际、反映中国人民意愿、适应时代发展要求,是我们党扎根中国大地、独立自主探索出来的现代化道路。中国式现代化既有各国现代化的共同特征,更有基于自己国情的中国特色,它是人口规模巨大的现代化,是全体人民共同富裕的现代化,是物质文明和精神文明相协调的现代化,是人与自然和谐共生的现代化,是走和平发展道路的现代化。沿着中国式现代化道路,我们推动物质文明、政治文明、精神文明、社会文明、生态文明协调发展,不断丰富和发展了人类文明新形态,超越了西方以资本为中心的现代化、两极分化的现代化、物质主义膨胀的现代化、对外扩张掠夺的现代化老路,为人类实现现代化提供了新的选择。

应该看到,一个国土面积广袤、人口规模巨大、地区差异悬殊的发展中大国实现现代化,必然要承受其他国家都不曾遇到的各种压力和严峻挑战,因此,"我们的现代化既是最难的,也是最伟大的"。新征程前途光明,任重道远,我国发展进入战略机遇和风险挑战并存、不确定难预料因素增多的时期,各种"黑天鹅""灰犀牛"事件随时可能发生。惟其艰巨,所以伟大;惟其艰巨,更显荣光。越是在这样的时候,越要有道不改、志不变的决心,坚持以中国式现代化全面推进中华民族伟大复兴,既不走封闭僵化的老路,也不走改旗易帜的邪路,坚持把国家和民族发展放在自己力量的基点上、把中国发展进步的命运牢牢掌握在自己手中。

当代中国,江山壮丽,人民豪迈,前程远大。沿着中国式现代化之路,我国 14 亿多人口将整体迈入现代化社会,完成人类现代化历史上亘古未有的壮举,创造人类文明新形态。以中国式现代化全面推进中华民族伟大复兴,我们具有无比广阔的舞台,具有无比深厚的历史底蕴,具有无比强大的前进定力。

(《人民日报》2022 年 11 月 3 日)

2

这是人口规模巨大的现代化

人民日报评论部

截至 2022 年 6 月，基本养老保险参保人数达到 10.4 亿人；基本医疗保险参保人数 2021 年年底已达 13.6 亿人，覆盖率稳定在 95% 以上……这十年，中国打造的这张世界上最大的社会保障网络，不仅托举起人民群众稳稳的幸福，也为 14 亿多人口整体迈进现代化社会打下坚实基础。

大国之大，也有大国之重。千头万绪的事，说到底是千家万户的事。习近平总书记在党的二十大报告中深刻阐述了中国式现代化五个方面的中国特色，其中第一个方面就是"人口规模巨大的现代化"。党的十八大以来，以习近平同志为核心的党中央团结带领全党全国各族人民迎难而上、不懈奋斗，打赢了人类历史上规模最大的脱贫攻坚战，历史性地解决了绝对贫困问题，在中华大地上全面建成了小康社会。今天，在党的坚强领导下，亿万人民更加自信、自立、自强，极大增强了志气、骨气、底气，意气风发迈上了全面建设社会主义现代化国家新征程。

让 14 亿多人口整体迈入现代化，其艰巨性和复杂性前所未有。18 世纪下半叶英国开启现代化时人口是千万级的，20 世纪后美国逐渐领跑现代化时人口是上亿级的，而中国式现代化是超大人口规模的现代化。当今世界，实现工业化的发达国家和地区的人口总和不到 10 亿人。我国 14 亿多人口要整体迈入现代化社会，其规模超过现有发达国家的总和，将彻底改写现代化的世界版图，在人类历史上是一件有深远影响的大事。可以说，"我们的现代化既是最难的，也是最伟大的"。我国要实现"人口规模巨大的现代化"，在人类历史上没有先例可循，必须走一条属于自己的道路，也必须坚持以人民为中心的发展思想，坚持发展为了人民、发展依靠人民、发展成果由人民共享。

"现代化的本质是人的现代化"。要实现"人口规模巨大的现代化"，首先要坚持人民至上的价值理念，始终锚定人民对美好生活的向往，让现代化建设成果更多更公平惠及全体人民。这十年，更好的教育改变

44

无数人命运，更稳定的工作托举起更多精彩的人生，更满意的收入充实了普通家庭的物质基础，更可靠的社会保障为亿万人民生活兜底，更高水平的医疗卫生服务护佑人们身体健康，更舒适的居住条件让更多人安居乐居，更优美的环境不断提升生态福祉……一个个突破性进展，一项项标志性成果，始终把实现好、维护好、发展好最广大人民根本利益作为一切工作的出发点和落脚点。在中国式现代化之路上，亿万人民共同享有人生出彩的机会，共同享有梦想成真的机会，共同享有同祖国和时代一起成长与进步的机会。

"人口规模巨大"既是压力与考验，也意味着优势与红利。大海，是涓涓细流一点一滴汇成的；史诗，是亿万人民一笔一画书写的。人民群众有着无尽的智慧和力量，一旦被激发出来，就能形成战天斗地、改天换地的伟力。这样的伟力，镌刻在太行绝壁上的红旗渠中，体现在小岗村大包干契约的红手印上，涌动在当今中国创新创业的时代潮流中。不仅如此，巨大的人口规模，还意味着更广阔的市场空间、更丰富的人才资源、更强劲的发展动能，将为中国式现代化注入源源不断的强大动力。"人民永远是我们最坚实的依托、最强大的底气"，新征程上，充分发挥亿万人民的创造伟力,尊重人民首创精神,坚持一切为了人民、一切依靠人民,就能凝聚起以中国式现代化全面推进中华民族伟大复兴的强大合力。

"一起来想、一起来干",党的二十大报告激扬起无数人内心的奋斗豪情。蓝图已经绘就,号角已经吹响。只要党与人民始终心连着心一起向未来,我们就一定能够克服"人口规模巨大"之难、发挥"人口规模巨大"之长,推动中国式现代化之路越走越宽广。

(《人民日报》2022 年 11 月 4 日)

3

这是全体人民共同富裕的现代化

人民日报评论部

1997年，时任福建省委副书记的习近平同志在宁夏调研对口帮扶工作时，启动一项根本性工程——"移民吊庄"，让西海固群众搬迁到贺兰山脚下的黄河灌区。多年来，闽宁村发展成闽宁镇，昔日干沙滩变成产业兴旺的金沙滩，2021年人均收入比搬迁之初增长近30倍。2016年，习近平总书记在闽宁镇考察时强调："闽宁合作探索出了一条康庄大道，这个宝贵经验可以向全国推广，做一个示范，实现共同富裕。"闽宁合作，为东西部扶贫协作树起标杆，也为推动实现共同富裕写下生动注脚。

"国之称富者，在乎丰民。"共同富裕是社会主义的本质要求，是人民群众的共同期盼，也是中国共产党人的不懈追求。习近平总书记在党的二十大报告中深刻阐述了中国式现代化五个方面的中国特色,其中一个方面就是"全体人民共同富裕的现代化"。党的十八大以来,以习近平同志为核心的党中央把逐步实现全体人民共同富裕摆在更加重要的位置上,推动区域协调发展,采取有力措施保障和改善民生,打赢脱贫攻坚战,全面建成小康社会,为促进共同富裕创造了良好条件。现在,已经到了扎实推动共同富裕的历史阶段。

中国式现代化是全体人民共同富裕的现代化,这是中国特色社会主义制度的本质决定的。必须看到,富裕是各国现代化追求的目标,但一些发达国家搞了几百年工业化和现代化,不仅没有实现共同富裕,贫富差距反而越来越严重。在我国社会主义制度下,我们既要不断解放和发展社会生产力,不断创造和积累社会财富,又要防止两极分化,切实推动人的全面发展、全体人民共同富裕取得更为明显的实质性进展。我们追求的发展是造福人民的发展,我们追求的富裕是全体人民共同富裕,要让所有人都有机会凭自己的能力参与现代化进程,凭自己的贡献分享国家发展的成果。把实现人民对美好生活的向往作为现代化建设的出发点和落脚点,擦亮了中国式现代化的鲜明价值底色;把共同富裕作为中国式现代化的重要特征,见证了中国发展牢牢占据着推动人类社会进步、实现人类美好理想的道义制高点。

实现共同富裕的目标,既要把"蛋糕"做大做好,又要把"蛋糕"切好分好。习近平总书记强调:"发展是解决中国所有问题的关键。"从全面推进乡村振兴、确保农民稳步增收,到推动区域协调发展、缩小收入差距,再到壮大实体经济、创造更多就业岗位,紧紧抓住经济建设这个中心,在高质量发展中促进共同富裕,才能让一切创造社会财富的源泉充分涌流,为分配提供更充足的物质基础。另一方面,"富裕"体现效率,"共同"体现公平,推进中国式现代化需要正确处理效率与公平的关系。党的二十大报告就构建初次分配、再分配、第三次分配协调配套的制度体系,加大税收、社会保障、转移支付等的调节力度,加强困难群体就业兜底帮扶等作出详细部署,有助于更好解决发展不平衡不充分的问题,让全体人民共享发展成果,让社会主义制度的优越性得到更充分体现。

实现共同富裕,将是伴随我国现代化进程的一项艰巨而长期的任务。我国有 14 亿多人口,如此巨大的人口体量整体迈入现代化进而逐步实现共同富裕,在世界发展史上是前所未有的。加之我国仍处于社会主义初级阶段,各地区推动共同富裕的基础和条件不尽相同,我们对实现共同富裕的长期性、艰巨性、复杂性要有充分估计。在全面建设社会主义现代化国家新征程上,必须坚持尽力而为、量力而行,把保障和改善民生建立在经济发展和财力可持续的基础上;必须坚持循序渐进,鼓励各地因地制宜探索有效路径,脚踏实地、久久为功,不断满足人民日益增长的美好生活需要,稳步朝着共同富裕目标迈进。

习近平总书记指出:"幸福生活都是奋斗出来的,共同富裕要靠勤劳智慧来创造。"共同富裕需要共同奋斗,亿万人民积极投身中国式现代化的伟大实践,以实干创实绩、以奋斗促富裕,到"十四五"末全体人民共同富裕迈出坚实步伐、到2035年全体人民共同富裕取得更为明显的实质性进展、到本世纪中叶全体人民共同富裕基本实现的目标一定能如期实现。

(《人民日报》2022年11月7日)

4

这是物质文明和精神文明
相协调的现代化

人民日报评论部

为人民抒写，为梦想高歌。从《觉醒年代》《长津湖》中体悟历史、增进历史自信，从《山海情》《守岛人》中汲取前行的力量，从《我们走在大路上》《领航》中激扬奋进的豪情……不久前，第十六届精神文明建设"五个一工程"入选作品公示，无数人在对这些作品的凝神观看、侧耳倾听与静心阅读中，感受到温暖、鼓舞与启迪，凝聚起奋进新征程、建功新时代的强大精神力量。

实现民族复兴，既需要强大的物质力量，也需要强大的精神力量。习近平总书记在党的二十大报告中深刻阐述了中国式现代化五个方面的中国特色，其中一个重要方面就是"物质文明和精神文明相协调的现代化"。习近平总书记深刻指出:"物质富足、精神富有是社会主义现代化的根本要求。物质贫困不是社会主义,精神贫乏也不是社会主义。我们不断厚植现代化的物质基础,不断夯实人民幸福生活的物质条件,同时大力发展社会主义先进文化,加强理想信念教育,传承中华文明,促进物的全面丰富和人的全面发展。"前进道路上,只有物质文明建设和精神文明建设都搞好,国家物质力量和精神力量都增强,全国各族人民物质生活和精神生活都改善,中国式现代化才能顺利向前推进。

发展是党执政兴国的第一要务,是解决一切问题的"总钥匙"。没有发达的物质文明,一个国家和民族就会缺乏自立于世界的物质基础。中国式现代化不断促进物质文明发展进步,是一个物质积累的过程。新时代这十年,改革开放和社会主义现代化建设深入推进,书写了经济快速发展和社会长期稳定两大奇迹新篇章,我国发展具备了更为坚实的物质基础、更为完善的制度保证。时至今日,解决人民日益增长的美好生活需要和不平衡不充分的发展之间的矛盾,对物质文明建设提出了更高要求;全面建设社会主义现代化国家,对物质文明建设提出了更高目标。只有聚精会神搞建设、一心一意谋发展,坚持以经济建设为中心,全面增强经济实力、科技实力、综合国力,才能筑牢国家富强、民族振兴、人民幸福的物质基础。

人无精神则不立,国无精神则不强。以往一些国家的现代化,一个重大弊端就是物质主义过度膨胀,如果人只追求物质享受、没有健康的精神追求和丰富的精神生活,丰富多彩的人性蜕变为单一的物质欲望,那也是人类的悲剧。中国式现代化追求的是既物质富足又精神富有,是人的全面发展。新时代这十年,从建立健全党和国家功勋荣誉表彰制度,设立烈士纪念日,到开展庆祝中国共产党成立一百周年、中华人民共和国成立七十周年等活动,从推动中华优秀传统文化创造性转化、创新性发展,到加快国际传播能力建设,促进人类文明交流互鉴……全党全国各族人民文化自信明显增强,全社会凝聚力和向心力极大提升,为新时代开创党和国家事业新局面提供了坚强思想保证和强大精神力量。

"当高楼大厦在我国大地上遍地林立时,中华民族精神的大厦也应该巍然耸立。"当今中国正处于实现中华民族伟大复兴关键时期,国家强盛、民族复兴既需要物质文明的积累,也需要精神文明的升华。一方面,我们要立足新发展阶段,贯彻新发展理念,构建新发展格局,推动高质量发展,为全面建设社会主义现代化国家提供坚实的物质支撑。另一方面,我们也要切实抓好精神文明建设各项任务,不断满足人民群众日益增长的精神文化需求,继续铸就中华文化新辉煌。新征程上,推动物质文明与精神文明相互促进、文化自信与开放包容相互协调、科技创新创造与弘扬优秀传统文化相互融合,不断彰显中国精神、中国智慧、中国价值、中国力量,才能为坚持以中国式现代化全面推进中华民族伟大复兴提供强大的价值引导力、文化凝聚力、精神推动力。

习近平总书记深刻指出:"实现中国梦,是物质文明和精神文明比翼双飞的发展过程。"物质财富的积累、中华文化的弘扬、价值体系的塑造,使中国式现代化具有更加强大的说服力和感召力,中国式现代化道路必将越走越宽广,中华民族必将以更加昂扬的姿态屹立于世界民族之林。

(《人民日报》2022 年 11 月 8 日)

5

这是人与自然和谐共生的现代化

人民日报评论部

这几天,以"珍爱湿地,人与自然和谐共生"为主题的《湿地公约》第十四届缔约方大会在湖北省武汉市召开。承载着武汉市民"诗和远方"梦想的城中绿心东湖国家湿地公园,褐色沙丘与碧绿江水交相呼应、芦荻摇曳与水鸟翻飞相映成趣的天兴洲湿地,经过生态修复后满是"生态绿"的青山江滩……武汉市的众多湿地宛如一幅幅人与自然和谐共生的美丽画卷,成为展示新时代我国生态文明建设成就的重要窗口。

人与自然是生命共同体,大自然是人类赖以生存发展的基本条件。习近平总书记在党的二十大报告中深刻阐述了中国式现代化五个方面的中国特色,其中一个重要方面就是"人与自然和谐共生的现代化"。党的十八大以来,以习近平同志为核心的党中央把生态文明建设作为关系中华民族永续发展的根本大计,从思想、法律、体制、组织、作风上全面发力,开展了一系列根本性、开创性、长远性的工作,我国生态文明建设和生态环境保护发生历史性、转折性、全局性变化,人与自然和谐共生的美丽中国正在从蓝图变为现实,中国式现代化厚植起绿色底色。

如何实现人与自然和谐共生是人类文明发展的基本问题,也是我国面临的重大时代课题之一。在人类走向工业化、现代化的进程中,西方发达国家普遍走的是一条"先污染后治理"的道路,在创造巨大物质财富的同时,也加速了对自然资源的攫取,人与自然深层次矛盾日益显现。2012年党的十八大后首次出京考察,习近平总书记深刻指出:"我们建设现代化国家,走美欧老路是走不通的""走老路,去消耗资源,去污染环境,难以为继"。十年来,我们坚决抛弃轻视自然、支配自然、破坏自然的现代化模式,坚持可持续发展,坚定不移走生产发展、生活富裕、生态良好的文明发展道路,有力推动了人与自然和谐共生的现代化建设。今天,当云南大象北上南归吸引全世界的目光,当绿色冬奥成为美好的时代记忆,当奔腾不息的长江黄河奏响新的生态乐章,以绿色为底色的中国式现代化,树立起人类现代化新的文明标杆。

我国进行现代化建设,注重同步推进物质文明建设和生态文明建设,只有高楼大厦、没有绿水青山的现代化不是真正的现代化。同时,人与自然和谐共生,不是不发展、不作为,而是要走生态优先、绿色发展之路,实现高质量发展。宁夏回族自治区贺兰山砂石矿区整治修复后成为葡萄酒庄,产业转型带来丰厚回报;黑龙江省伊春市全面停止天然林商业性采伐后,良好生态吸引越来越多游客前来观光;江苏省连云港周边海域生态环境持续改善,渔获丰富起来……回望过去,一个个"人不负青山,青山定不负人"的故事,生动印证着绿水青山就是金山银山的科学理念,深刻昭示着生态保护和经济发展完全可以兼顾、实现共赢。推进中国式现代化,我们必须牢固树立和践行绿水青山就是金山银山的理念,站在人与自然和谐共生的高度谋划发展。

"尊重自然、顺应自然、保护自然,是全面建设社会主义现代化国家的内在要求。"中国现代化建设之所以伟大,就在于艰难,既不能走老路,又要达到发达国家的水平,这是一场大仗、硬仗、苦仗。党的二十大报告从"加快发展方式绿色转型""深入推进环境污染防治""提升生态系统多样性、稳定性、持续性""积极稳妥推进碳达峰碳中和"等方面作出具体部署,为我们继续推动绿色发展指明了方向、提供了遵循。新征程上,全面贯彻落实党的二十大精神,坚定践行习近平生态文明思想,统筹产业结构调整、污染治理、生态保护、应对气候变化,协同推进降碳、减污、扩绿、增长,打好绿色发展组合拳,就能不断书写人与自然和谐共生的现代化新篇章。

"从 69 岁拍到 77 岁,蓝天照一年比一年多。"家住河北省石家庄市的资深摄影爱好者王汝春,自 2014 年起坚持每天早上拍摄同一片天空。从最开始"镜头里的蓝天白云成了稀罕物",到后来蓝天白云照越来越多,数千张照片组成的"天空日记",真切地记录着生态环境持续向好、人民获得感不断增强的非凡历程。每个人都是生态环境的受益者,也是保护者、建设者。新时代新征程,携手同心、不懈奋斗,我们一定能汇聚起更加磅礴的力量,建设人与自然和谐共生的现代化,共建更加美丽美好的家园。

(《人民日报》2022 年 11 月 9 日)

6

这是走和平发展道路的现代化

人民日报评论部

　　风起东方，大潮奔涌。2022 年以来，中国以举办进博会、广交会、服贸会、消博会等高水平开放展会为契机，与各方携手谱写更多开放合作、互利共赢的故事，展示出中国主动向世界开放市场、同各国分享机遇的诚意。在开放还是封闭、前进还是后退的人类重大抉择面前，中国以实行更加积极主动的开放战略的实际行动，持续推进高水平对外开放，坚定引领开放合作，为推动世界经济复苏、促进全球共同发展、构建人类命运共同体作出新的贡献。

　　天下大同、协和万邦是中华民族自古以来对人类社会的美好憧憬。在党的二十大报告中，习近平总书记深刻阐述了中国式现代化五个方面的中国特色，其中一个方面就是"走和平发展道路的现代化"。党的十八大以来,在以习近平同志为核心的党中央坚强领导下,我国始终坚持维护世界和平、促进共同发展的外交政策宗旨,致力于推动构建人类命运共同体,国际影响力、感召力、塑造力显著提升。

中国走和平发展道路是从历史、现实、未来的客观判断中得出的结论,是理论自信和实践自觉的有机统一。历史上一些国家通过战争、殖民、掠夺等方式实现现代化,那种损人利己、充满血腥罪恶的老路给广大发展中国家人民带来深重苦难。中国从一个积贫积弱的国家发展成为世界第二大经济体,靠的不是对外军事扩张和殖民掠夺,而是人民勤劳、维护和平。我们始终坚定站在历史正确的一边、站在人类文明进步的一边,高举和平、发展、合作、共赢旗帜,探索走出与传统大国崛起不同的和平发展道路,在坚定维护世界和平与发展中谋求自身发展,又以自身发展更好维护世界和平与发展。

中国共产党是为中国人民谋幸福、为中华民族谋复兴的党,也是为人类谋进步、为世界谋大同的党。中国式现代化强调同世界各国互利共赢,推动构建人类命运共同体,努力为人类和平与发展作出贡献。高质量共建"一带一路",打造进博会、服贸会、消博会等对

60

外合作新平台,张开双臂欢迎各国人民搭乘中国发展的"快车""便车";积极参加联合国维和行动,为维护世界和平和地区稳定发挥建设性作用;面对疫情冲击,向120多个国家和国际组织提供超过22亿剂新冠疫苗;宣布力争于2030年前实现碳达峰、2060年前实现碳中和,为应对气候变化的国际努力树立了大国典范……党的十八大以来,中国以前所未有的广度、深度、力度参与全球治理,贡献中国智慧,提供中国方案,展现中国担当,为充满不确定性的世界注入正能量。实践充分证明,我们走和平发展道路的现代化,对中国有利、对世界有利,既是始终如一的价值坚守,更是实实在在的实践行动。

习近平总书记在二十届中共中央政治局常委同中外记者见面时强调:"只要共行天下大道,各国就能够和睦相处、合作共赢,携手创造世界的美好未来。"截至2022年9月底,中国建交国总数增至181个,同110多个国家和地区组织建立伙伴关系,伙伴关系网络覆盖全球,"朋友圈"不断扩大。和平发展道路在中国与世界各国的良性互动和互利共赢中开拓前进,在维护中国国家利益与促进世界和平发展的辩证统一中走通走顺。党的二十大报告提出:"中国坚持对话协商,推动建设一个持久和平的世界;坚持共建共享,推动建设一个普遍安全的世界;坚持合作共赢,推动建设一个共同繁荣的世界;坚持交流互鉴,推动建设一个开放包容的世界;坚持绿色低碳,推动建设一个清洁美丽的世界。"新征程上,我们将同各国人民一道,弘扬和平、发展、公平、正义、民主、自由的全人类共同价值,维护世界和平、促进世界发展,持续推动构建人类命运共同体。

北京天安门城楼上有两句标语,一句是"中华人民共和国万岁",另一句是"世界人民大团结万岁",见证我们党立志于中华民族千秋伟业,致力于人类和平与发展崇高事业。世界好,中国才能好;中国好,世界才更好。坚定不移走和平发展道路,我们一定能为人类文明进步事业注入和平发展新动力,同世界人民携手开创人类更加美好的未来。

(《人民日报》2022 年 11 月 10 日)

7

以中国式现代化全面推进
中华民族伟大复兴

人民日报评论部

新蓝图鼓舞人心,谋新篇踔厉前行。长三角一体化示范区出台方案,探索跨区域生态产品价值实现机制;海南省洋浦港开展封关项目建设,奋力提升港口现代化水平;南方五省区农村电网巩固提升工程全面展开,为超 6000 万户农村居民提供高质量的供电服务……各地区各部门各有关方面正以昂扬的精神状态、务实的工作作风贯彻落实党的二十大精神,在推进中国式现代化的实践中展现新担当新作为。

以中国式现代化全面推进中华民族伟大复兴,是党的二十大擘画的宏伟蓝图。习近平总书记在党的二十大报告中对中国式现代化的本质要求作出科学概括:"坚持中国共产党领导,坚持中国特色社会主义,实现高质量发展,发展全过程人民民主,丰富人民精神世界,实现全体人民共同富裕,促进人与自然和谐共生,推动构建人类命运共同体,创造人类文明新形态。"这是我们党深刻总结我国和世界其他国家现代化建设的历史经验,对我国这样一个东方大国如何加快实现现代化在认识上不断深入、战略上不断成熟、实践上不断丰富而形成的思想理论结晶。深刻领会、系统把握中国式现代化的本质要求,就要增强贯彻落实的自觉性和坚定性,把这个本质要求落实到各项工作之中,在中国式现代化道路上撸起袖子加油干、风雨无阻向前行,把中华民族伟大复兴的中国梦变为现实。

走自己的路,是我们党的全部理论和实践立足点,更是我们党百年奋斗得出的历史结论。党的十八大以来,以习近平同志为核心的党中央坚持和发展中国特色社会主义,推动物质文明、政治文明、精神文明、社会文明、生态文明协调发展,成功推进和拓展了中国式现代化,书写了经济快速发展和社会长期稳定两大奇迹新篇章,不断丰富和发展了人类文明新形态。实践充分证明,中国式现代化道路符合中国实际、反映中国人民意愿、适应时代发展要求,是创造人民美好生活、实现中华民族伟大复兴的康庄大道。前进道路上,不走封闭僵化的老路,不走改旗易帜的邪路,坚持以中国式现代化全面推进中华民族伟大复兴,我们就一定能把中国发展进步的命运牢牢掌握在自己手中,完成全面建设社会主义现代化国家的历史宏愿。

全面建设社会主义现代化国家、全面推进中华民族伟大复兴,关键在党。以中国式现代化全面推进中华民族伟大复兴,必须坚持和加强党的全面领导。中国特色社会主义最本质的特征是中国共产党领导,中国特色社会主义制度的最大优势是中国共产党领导。前进道路上,更加自觉地维护习近平总书记党中央的核心、全党的核心地位,更加自觉地维护以习近平同志为核心的党中央权威和集中统一领导,把党的领导落实到党和国家事业各领域各方面各环节,就能确保我国社会主义现代化建设正确方向,确保拥有团结奋斗的强大政治凝聚力、发展自信心,集聚起万众一心、共克时艰的磅礴力量。

团结才能胜利,奋斗才会成功。以中国式现代化全面推进中华民族伟大复兴,离不开亿万人民的团结奋斗。无论是实现"经济高质量发展取得新突破,科技自立自强能力显著提升"的目标任务,还是落实"健全人民当家作主制度体系,扩大人民有序政治参与"

的重大部署,无论是兑现"不断实现人民对美好生活的向往"的庄严承诺,还是建设"天更蓝、山更绿、水更清"的美丽中国,只有把思想和行动统一到党的二十大精神上来,不折不扣抓好党中央重大战略部署的贯彻落实,才能在中国式现代化道路上,不断谱写全面建设社会主义现代化国家新篇章。

"中国式现代化是中国共产党和中国人民长期实践探索的成果,是一项伟大而艰巨的事业。惟其艰巨,所以伟大;惟其艰巨,更显荣光。"让我们更加紧密地团结在以习近平同志为核心的党中央周围,全面贯彻习近平新时代中国特色社会主义思想,坚定志不改、道不变的决心,以"越是艰险越向前"的英雄气概、"敢教日月换新天"的昂扬斗志,把中国特色社会主义伟大事业不断推向前进。

（《人民日报》2022 年 11 月 11 日）

三、前进道路上必须牢牢把握的重大原则

1

锚定中心任务,开好局起好步

人民日报评论部

正在北京展览馆举行的"奋进新时代"主题成就展上,一艘"奇迹号"帆船模型吸引着观众的目光。扬起的风帆上,一个个跃动的箭头标示着我国这十年的腾飞:国内生产总值从53.9万亿元上升到114.4万亿元,基础研究经费从499亿元增加到1817亿元,长征系列运载火箭实施发射240余次……一串串持续上扬的数字,勾勒出一个大国坚实的前行足迹,坚定着人们以中国式现代化全面推进中华民族伟大复兴的决心和信心。

十年奋进,气象万千;百年宏图,征程再启。习近平总书记在党的二十大报告中强调:"从现在起,中国共产党的中心任务就是团结带领全国各族人民全面建成社会主义现代化强国、实现第二个百年奋斗目标,以中国式现代化全面推进中华民族伟大复兴。"未来五年是全面建设社会主义现代化国家开局起步的关键时期。前进道路上,我们必须牢牢把握以中国式现代化推进中华民族伟大复兴的使命任务,奋力谱写全面建设社会主义现代化国家新篇章。

善于科学确定和集中力量完成中心任务,是中国共产党人科学的思想方法、工作方法。100 多年来,无论形势和环境如何变化,无论遇到什么样的风险挑战,中国共产党总是根据人民意愿和事业发展要求,正确认识所处的历史方位和发展阶段,准确把握不同历史阶段党所面临的中心任务,提出富有感召力的奋斗目标。党的百年奋斗历程告诉我们,党和人民事业能不能沿着正确方向前进,取决于我们能否准确认识和把握社会主要矛盾、确定中心任务。

十年风雨兼程,十年壮阔行进。这十年,在中国共产党坚强领导下,全国各族人民万众一心、齐心协力,胜利实现了第一个百年奋斗目标,在中华大地上全面建成了小康社会,实现中华民族伟大复兴迈出了关键一步。历史性的抵达,往往也意味着开创性的进发。习近平总书记在参加党的二十大广西代表团讨论时指出:"前一段时间我们聚焦小康,解决了绝对贫困。现在聚焦在'两步走'上,以中国式现代化全面推进民族复兴。"站在新的历史起点上,我们必须锚定新时代新征程党的中心任务,坚定不移沿着中国式现代化这条光明大道走下去。

人间正道,文明新篇。进入新时代,党对建设社会主义现代化国家在认识上不断深入、战略上不断成熟、实践上不断丰富,成功推进和拓展了中国式现代化。中国式现代化,是中国共产党领导的社会主义现代化,既有各国现代化的共同特征,更有基于自己国情的中国特色。党的二十大报告阐述了中国式现代化的中国特色和本质要求。学习贯彻党的二十大精神,必须牢牢把握中国式现代化的重要特征、本质要求和推进中国式现代化的重大原则,用新的伟大奋斗创造新的伟业。

"我们的现代化既是最难的,也是最伟大的。"全面建设社会主义现代化国家新征程上,仍然存在各种风险挑战,要准备经受风高浪急甚至惊涛骇浪的重大考验。习近平总书记强调,前进道路上,必须牢牢把握重大原则:坚持和加强党的全面领导,坚持中国特色社会主义道路,坚持以人民为中心的发展思想,坚持深化改革开放,坚持发扬斗争精神。这些重大原则是成功经验的总结,也是夺取新的更大胜利的有力保障,我们必须将其全面落实到各项工作之中,为打开事业发展新天地、全面建成社会主义现代化强国提供坚实的支撑。

一个国土面积广袤、人口规模巨大、地区差异悬殊的发展中大国实现现代化,在人类历史上没有先例可循,中国必须走一条属于自己的道路。打赢了人类历史上规模最大的脱贫攻坚战,进入创新型国家行列,我们的祖国天更蓝、山更绿、水更清……一个个彪炳史册的伟大成就,无可辩驳地印证着:"中国式现代化扎根中国大地,切合中国实际。"面向未来,我们必须始终把国家和民族发展放在自己力量的基点上、把中国发展进步的命运牢牢掌握在自己手中,坚定信心、守正创新,在自己选择的正确道路上昂首阔步走下去。

"记得当年我到农村去,当地'秀才'跑我那儿来宣讲,说'咱们今后现代了,那都不一样了,楼上楼下电灯电话,包子饺子肉丝肉片'。"昔日乡村里想破天儿想到的心愿,成为今天中国大地上普普通通人家过的平平常常日子。山河岁月,换了人间。今日之中国,有欣欣向荣的经济,有广泛真实的民主,有生机盎然的文化,有安全稳定的社会,有人与自然和谐的环境,不断丰富和发展人类文明新形态。以中国式现代化全面推进中华民族伟大复兴,我们具有无比广阔的舞台,具有无比深厚的历史底蕴,具有无比强大的前进定力。

(《人民日报》2022 年 10 月 25 日)

2

坚持和加强党的全面领导

人民日报评论部

　　"没有共产党，就没有新中国！"这句中国人耳熟能详的话，在新时代又有了新的扩展："没有中国共产党，就没有新中国，就没有中华民族伟大复兴。"这是对奋斗历史的精辟总结，也是对开创未来的深刻启迪。

　　办好中国的事情，关键在党。习近平总书记在党的二十大报告中提出了以中国式现代化全面推进中华民族伟大复兴，明确了前进道路上必须牢牢把握的"五个重大原则"，其中第一条就是"坚持和加强党的全面领导"。远眺前路，我们必须坚决维护党中央权威和集中统一领导，把党的领导落实到党和国家事业各领域各方面各环节，使党始终成为风雨来袭时全体人民最可靠的主心骨。

　　中国特色社会主义制度的最大优势是中国共产党

领导。十年来,从把"党政军民学,东西南北中,党是领导一切的"写入党章,到把"中国共产党领导是中国特色社会主义最本质的特征"载入宪法,再到以一系列制度安排把党的领导落实到治国理政全过程各方面……面对党内一度存在的对坚持党的领导认识模糊、行动乏力问题,面对落实党的领导弱化、虚化、淡化、边缘化问题,以习近平同志为核心的党中央从事关党和国家事业前途命运的高度,从理论和实践上旗帜鲜明作出回答。回望这十年,正是因为始终坚持和加强党的全面领导,我们才能不断推动新时代中国特色社会主义伟大事业砥砺奋进、壮阔前行。坚持和加强党的全面领导,是党的十八大以来取得的最重要成就之一,是中国特色社会主义事业取得成功的根本政治保证。

四颗小星环拱着一颗大星,象征着亿万人民心向伟大的中国共产党,五星红旗飘扬在中国大地上,时刻昭示着:中国共产党的领导是历史和人民的选择。党的领导,体现在党的科学理论和正确路线方针政策上,体现在党的执政能力和领导水平上,体现在党的政治判断力、政治领悟力、政治执行力上,同时也体现在党的严密组织体系和强大组织能力上。明确"党的领导必须是全面的、系统的、整体的"，赋予党的全面领导新的时代内涵；强调"充分发挥党总揽全局、协调各方的领导核心作用，提高党科学执政、民主执政、依法执政水平"，为全面提高党的领导科学化水平指明方向；指出"没有中国共产党的领导，民族复兴必然是空想"，深刻阐明党的全面领导是实现中华民族伟大复兴的根本保证……党的十八大以来，习近平总书记围绕坚持党的全面领导提出了一系列新理念新思想新要求，指引党总揽全局、协调各方的领导核心作用充分发挥，使我们这个拥有9600多万名党员的马克思主义政党更加团结统一。

星汉灿烂，北斗指航；沧海横流，砥柱巍然。新时代十年的发展历程极不寻常、极不平凡，新时代十年的辉煌成就和伟大变革彪炳史册、来之不易。新时代伟大成就的取得，根本在于以习近平同志为核心的党中央坚强领导，在于习近平新时代中国特色社会主义思想科学指引。"党确立习近平同志党中央的核心、全党的核心地位，确立习近平新时代中国特色社会主义思想的指导地位，反映了全党全军全国各族人民共同心愿，对新时代党和国家事业发展、对推进中华民族伟大复兴历史进程具有决定性意义。""两个确立"是党的十八大以来党的建设最重大的政治成果，是新时代引领党和国家事业从胜利走向新的胜利的政治保证，是战胜一切艰难险阻、应对一切不确定性的最大确定性、最大底气、最大保证。新的赶考之路上，我们要深刻领悟"两个确立"的决定性意义，增强"四个意识"、坚定"四个自信"、做到"两个维护"，坚定不移在思想上政治上行动上同以习近平同志为核心的党中央保持高度一致。

"全面建设社会主义现代化国家、全面推进中华民族伟大复兴，关键在党。"今天，我们行进在民族复兴的伟大征程上，前景光明同时前路艰险。一方面，我国发展进入战略机遇和风险挑战并存、不确定难预料因素增多的时期，各种"黑天鹅""灰犀牛"事件随时可能发生。另一方面，我们要实现的中国式现代化，"既是最难的，也是最伟大的"。这样的道路前所未有，这样的变革没有先例，这样的征程充满挑战。越是形势复杂、任务艰巨，越要把党的领导这个最大优势发挥好。只要我们坚持党的全面领导不动摇，坚决维护党的核心和党中央权威，充分发挥党的领导政治优势，就一定能够确保全党全军全国各族人民团结一致向前进。

"伟大的中国共产党,乘风破浪,扬帆远航,领航中国在新时代的征程上……"一首《领航》唱响中华大地,唱出了中国人民的心愿与心声。新的伟大征程上,毫不动摇坚持和加强党的全面领导,更加紧密地团结在以习近平同志为核心的党中央周围,在党的旗帜下团结成"一块坚硬的钢铁",我们一定能创造新的伟业。

　　　　　　　　(《人民日报》2022 年 10 月 26 日)

3

坚持中国特色社会主义道路

人民日报评论部

以前在城市里寻找公园,如今在公园里遇见城市。在深圳,已有1200多座公园,市民可以推窗见绿、开门见园、四季见花。10年来,深圳市积极吸引国内外一流团队参与建设,打造"千园之城",为市民创造更优美的生活环境。作为中国特色社会主义先行示范区,日新月异的深圳,成为中国道路的一个生动注脚。

方向决定道路,道路决定命运。习近平总书记在党的二十大报告中明确了前进道路上必须牢牢把握的"五个重大原则",其中一个原则就是"坚持中国特色社会主义道路"。中国特色社会主义道路,开拓于中国人民共同奋斗,扎根于中华大地,是党和人民历经千辛万苦、付出巨大代价取得的根本成就,是实现中华民族伟大复兴的正确道路。新的伟大征程上,我们必须既不走封闭僵化的老路,也不走改旗易帜的邪路,坚持把国家和民族发展放在自己力量的基点上,坚持把中国发展进步的命运牢牢掌握在自己手中。

走自己的路,是党的全部理论和实践立足点,更是党百年奋斗得出的历史结论。9 月 30 日,北京人民大会堂,习近平总书记会见 C919 大型客机项目团队代表并参观项目成果展览,充分肯定 C919 大型客机研制任务取得的阶段性成就。从我国自主研制的"运十"飞机立项,到如今自主研制的大型客机翱翔蓝天,中国人的"大飞机梦"历经了半个世纪。这一历程生动注解着:"中国要发展,最终要靠自己。"人类历史上没有一个民族、一个国家可以通过依赖外部力量、照搬外国模式、跟在他人后面亦步亦趋实现强盛和振兴。正如习近平总书记深刻指出的:"中国有 960 多万平方公里土地、56 个民族,我们能照谁的模式办? 谁又能指手画脚告诉我们该怎么办?"不论过去、现在和将来,我们都要坚持独立自主开拓前进道路,坚持民族自尊心和自信心,坚定不移走自己的路。

一个国家走的道路行不行,关键要看是否符合本国国情,是否顺应时代发展潮流,能否带来经济发展、社会进步、民生改善、社会稳定,能否得到人民支持和拥护,能否为人类进步事业作出贡献。党的十八大以来,以习近平同志为核心的党中央团结带领全党全军全国各族人民撸起袖子加油干、风雨无阻向前行,稳经济、促发展,战贫困、建小康,控疫情、抗大灾,应变局、化危机,攻克了一个个看似不可攻克的难关险阻,创造了一个个令人刮目相看的人间奇迹。实践证明,党的十八大以来党中央的大政方针和工作部署是完全正确的,中国特色社会主义道路是符合中国实际、反映中国人民意愿、适应时代发展要求的,不仅走得对、走得通,而且走得稳、走得好。我们必须坚定志不改、道不变的决心,在中国特色社会主义道路上昂首阔步向前进。

一个国家、一个民族,对自己追求的宏伟目标有着坚定信心,才可能创造人间奇迹。眺望前方的奋进路,有风平浪静,也有惊涛骇浪;有大江奔流,也有乱云飞渡。我国作为一个人口众多和超大市场规模的社会主义国家,在迈向现代化的历史进程中,必然要承受其他国家都不曾遇到的各种压力和严峻挑战。形势越是纷繁复杂、任务越是艰巨繁重,就越要坚定道路自信。有了"自信人生二百年,会当水击三千里"的勇气,我们就能毫无畏惧面对一切困难和挑战,就能坚定不移创造新的伟业。始终保持清醒坚定,保持强大前进定力,以坚定的决心、信心、恒心，以强大的志气、骨气、底气，昂首阔步迈向未来，我们一定能"把自己的事业办好，屹立于世界民族之林"。

金秋时节，一项重大文化工程的最新进展吸引国人目光：以中华民族伟大复兴为主题、以思想史为基本线索的《复兴文库》出版发行。习近平总书记亲自为丛书作序，发出"坚定历史自信、把握时代大势、走好中国道路"的时代强音。"我们已经走出一条光明大道，我们要继续前行。"面向未来，沿着实现中华民族伟大复兴的唯一正确道路勇毅前行、不懈奋斗，我们必将创造新的更大奇迹，赢得更加伟大的胜利和荣光。

（《人民日报》2022 年 10 月 27 日）

4

坚持以人民为中心的发展思想

人民日报评论部

　　"老工人们搬进改造后新房的欣喜表情,我永生难忘。"在党的二十大中央和国家机关代表团讨论现场,中国城市规划设计研究院上海分院院长孙娟代表讲述了上海市普陀区曹杨新村改造项目带来的变化。原本楼道里的公共厨卫巧妙腾挪后,每家每户拥有了独立的厨卫;符合条件的老楼加装了电梯,过去蛛网般的架空线消失在地下;与此同时,砖红瓦片、老式木窗等得以保留,让小区留住了历史记忆。2022 年 8 月 17日,习近平总书记在辽宁省沈阳市皇姑区三台子街道牡丹社区考察时指出,"老旧小区改造是提升老百姓获得感的重要工作,也是实施城市更新行动的重要内容"。新时代十年来,全国改造棚户区住房四千二百多万套。老旧小区居住条件的显著改善,成为我们党坚持人民至上价值追求的一个生动写照。

治国有常,利民为本。为民造福是立党为公、执政为民的本质要求。习近平总书记在党的二十大报告中明确了前进道路上必须牢牢把握的"五个重大原则",其中一个原则就是"坚持以人民为中心的发展思想"。新征程上,我们必须不断实现发展为了人民、发展依靠人民、发展成果由人民共享,让现代化建设成果更多更公平惠及全体人民。

坚持以人民为中心的发展思想,体现了党的理想信念、性质宗旨、初心使命,也是对党的奋斗历程和实践经验的深刻总结。一路走来,我们紧紧依靠人民交出了一份又一份载入史册的答卷。2021 年 9 月 14日,在陕西省榆林市考察的习近平总书记来到位于疏属山下九真观的中共绥德地委旧址。展厅里有两行字十分醒目:"站在最大多数劳动人民的一面""把屁股端端地坐在老百姓的这一面"。习近平总书记轻声念了出来并说道:"端端地,这是关中话,稳稳正正地。"一个"端端地",映照着我们党"与人民心连心、同呼吸、共命运"的光荣传统。回望波澜壮阔的历史进程,我们党团结带领人民进行革命、建设、改革,根本目的就是为了让人民过上好日子,无论面临多大挑战和压力,无论付出多大牺牲和代价,这一点都始终不渝、毫不动摇。百年奋进,初心如磐。历史充分证明,中国共产党始终是坚持以人民为中心的政党,始终是为人民利益奋斗的政党,人民立场是中国共产党的根本政治立场。

一个政党,一个政权,其前途和命运最终取决于人心向背。中国共产党之所以能够得到人民拥护,中国特色社会主义之所以能够得到人民支持,正是因为造福了人民。我们党代表中国最广大人民根本利益,没有任何自己特殊的利益,从来不代表任何利益集团、任何权势团体、任何特权阶层的利益,这是党立于不败之地的根本所在。习近平总书记深刻指出:"只有坚持以人民为中心的发展思想,坚持发展为了人民、发展依靠人民、发展成果由人民共享,才会有正确的发展观、现代化观。"新的赶考之路上,只要我们始终坚持全心全意为人民服务的根本宗旨,坚持党的群众路线,始终牢记江山就是人民、人民就是江山,坚持一切为了人民、一切依靠人民,坚持为人民执政、靠人民执政,坚持发展为了人民、发展依靠人民、发展成果由人民共享,坚定不移走全体人民共同富裕道路,就一定能够领导人民夺取中国特色社会主义新的更大胜利。

以人民为中心的发展思想，不是一个抽象的、玄奥的概念，不能只停留在口头上、止步于思想环节，而要体现在经济社会发展各个环节。习近平总书记在党的二十大报告中提出："增进民生福祉，提高人民生活品质。"时代是出卷人，我们是答卷人，人民是阅卷人。追求美好生活是永恒的主题，是永远的进行时。面向未来，我们必须坚持在发展中保障和改善民生，实现好、维护好、发展好最广大人民根本利益，紧紧抓住人民最关心最直接最现实的利益问题，坚持尽力而为、量力而行，深入群众、深入基层，采取更多惠民生、暖民心举措，着力解决好人民群众急难愁盼问题，健全基本公共服务体系，提高公共服务水平，增强均衡性和可及性，扎实推进共同富裕。

习近平总书记在二十届中共中央政治局常委同中外记者见面时强调："前进道路上，无论是风高浪急还是惊涛骇浪，人民永远是我们最坚实的依托、最强大的底气。"中国共产党领导人民打江山、守江山，守的是人民的心。永葆为民造福的初心使命，激发"时时放心不下"的责任担当，始终与人民风雨同舟、与人民心心相印，想人民之所想，行人民之所嘱，我们必能不断把人民对美好生活的向往变为现实,让人民群众获得感、幸福感、安全感更加充实、更有保障、更可持续。

(《人民日报》2022 年 10 月 28 日)

5

坚持深化改革开放

人民日报评论部

在浙江省龙泉市小梅镇黄南村村民王登辉眼里，改革开放是绿水青山换新颜——受益于河长制推行，家门口的小河又变回儿时的水清岸绿；在上海市市民李阿伯眼里，改革开放是餐桌上的进口美味更多了——随着进博会的举办，超市里进口生鲜种类更加丰富，价格也很实惠；在浙江省义乌市商家吴晓明眼里，改革开放是出口订单的不断增长——得益于当地开通世界杯海运专线，义乌制造的世界杯相关产品从宁波港和上海港出发，只需要 20 天至 25 天就能直达卡塔尔哈马德港，和 2021 年同期相比，吴晓明收到的订单量增加了 70%。普通人身边具体而微的变化，彰显着我们不断深化改革开放取得的巨大成就，印证着"改革开放是当代中国发展进步的活力之源"。

改革开放只有进行时，没有完成时。习近平总书记在党的二十大报告中明确了前进道路上必须牢牢把握的"五个重大原则"，其中一个原则就是"坚持深化改革开放"。回望过去，我们依靠改革开放，在富起来、强起来的征程上迈出了决定性的步伐。眺望未来，我们必须深入推进改革创新，坚定不移扩大开放，着力破解深层次体制机制障碍，不断彰显中国特色社会主义制度优势，不断增强社会主义现代化建设的动力和活力，把我国制度优势更好转化为国家治理效能。

改革开放是党和人民大踏步赶上时代的重要法宝，是决定当代中国命运的关键一招。党的十八大以来，以习近平同志为核心的党中央以巨大的政治勇气全面深化改革，打响改革攻坚战，加强改革顶层设计，敢于突进深水区，敢于啃硬骨头，敢于涉险滩，敢于面对新矛盾新挑战，实行更加积极主动的开放战略，开创了我国改革开放新局面，使改革开放成为当代中国最显著的特征、最壮丽的气象。十年来，改革不停顿，各领域全面深化改革大潮涌起，党的十八届三中全会提出的改革目标任务总体如期完成，各方面共推出2000多个改革方案，许多领域实现历史性变革、系统性重塑、整体性重构,国家治理体系和治理能力现代化水平明显提高;十年来,开放不止步,我国成为140多个国家和地区的主要贸易伙伴,货物贸易总额居世界第一,吸引外资和对外投资居世界前列,形成更大范围、更宽领域、更深层次对外开放格局。新时代十年的伟大变革启示我们,没有改革开放,就没有中国的今天,也就没有中国的明天。

发展出题目,改革做文章。这十年,从全面实施市场准入负面清单制度,要素市场化改革推进资源配置更高效公平,到行政审批事项大幅减少,营商环境不断优化;从医药体制改革持续减轻患者负担,到养老保险全国统筹推动养老保障更公平;从科技体制改革不断深化,最大限度激发各类创新主体和科研人员的积极性创造性,到知识产权保护制度持续完善,产学研用加快深度融合……改革增进了市场活力、增加了民生福祉、增强了创新动力。实践充分证明,改革是解放和发展社会生产力的关键,是推动国家发展的根本动力。我们必须以更大的政治勇气和智慧,坚持摸着石头过河和加强顶层设计相结合,不失时机、蹄疾步稳深化重要领域和关键环节改革,更加注重改革的系统性、整体性、协同性,提高改革综合效能。

开放带来进步,封闭必然落后。对外开放是推动我国经济社会发展的重要动力,以开放促改革、促发展是我国发展不断取得新成就的重要法宝。面对疫情考验,一艘艘远洋货轮扬帆起航,一列列中欧班列穿梭往来,推动外贸保稳提质,为中国经济注入强大动能。面对单边主义、保护主义抬头,中国连年举办进博会、广交会、服贸会、消博会,搭建起开放合作的平台,为世界经济发展注入更多正能量。中国发展离不开世界,世界发展也需要中国。习近平总书记在二十届中共中央政治局常委同中外记者见面时郑重宣示:"现在,中国经济韧性强、潜力足、回旋余地广,长期向好的基本面不会改变。中国开放的大门只会越来越大。"我们将坚定不移全面深化改革开放,坚定不移推动高质量发展,以自身发展为世界创造更多机遇。

2012年12月8日,深圳市莲花山上郁郁葱葱,习近平总书记在这里亲手种下一棵高山榕。十年来,这棵榕树枝繁叶茂、苍劲挺拔,见证着新时代中国特色社会主义欣欣向荣、蓬勃发展,见证着中国共产党人"在更高起点上推进改革开放"的坚定决心。改革开放已走过千山万水,但仍需跋山涉水。永葆"闯"的精神、"创"的劲头、"干"的作风,坚定不移推进改革开放,我们一定能续写更多"春天的故事",创造让世界刮目相看的新的更大奇迹!

(《人民日报》2022 年 10 月 31 日)

6

坚持发扬斗争精神

人民日报评论部

在党的二十大第二场"党代表通道"上,山东省港口集团高级别专家张连钢代表回忆,在国外考察自动化码头技术时不能下车、不让拍照,国外专家断言"你们要自主研发,成功的概率就是零",这极大激发了他们自主研发的斗志,最终攻克了自动化码头的核心技术;中铁十九局三公司南充高速公路项目部副经理李绍杰代表介绍,在打通兰渝铁路胡麻岭隧道最后特殊地层的 173 米时,每前进不到 1 米就会遇到塌方,很多国外专家到现场看过都说"不可能完成",李绍杰所在的项目团队花了整整 6 年终于完成这项施工任务……令人振奋的故事,彰显了中国共产党人在困难面前不低头、艰险面前不退缩、重任面前不懈怠的鲜明品质。

敢于斗争、敢于胜利,是党和人民不可战胜的强大精神力量。党和人民取得的一切成就,都是通过斗争取得的。习近平总书记在党的二十大报告中明确了前进道路上必须牢牢把握的"五个重大原则",其中一个原则就是"坚持发扬斗争精神"。实现伟大梦想,必须进行伟大斗争。奋进全面建设社会主义现代化国家新征程,必须增强全党全国各族人民的志气、骨气、底气,不信邪、不怕鬼、不怕压,知难而进、迎难而上,统筹发展和安全,全力战胜前进道路上各种困难和挑战,依靠顽强斗争打开事业发展新天地。

党的百年奋斗史就是一部伟大斗争史。建立中国共产党、成立中华人民共和国、实行改革开放、推进新时代中国特色社会主义事业,都是在斗争中诞生、在斗争中发展、在斗争中壮大的。从"红军不怕远征难"的豪迈,到"拼命也要拿下大油田"的干劲,从"我是党员我先上"的坚定,到"千难万险不退缩"的勇毅,中国共产党人始终坚持发扬斗争精神,始终敢于挺身而出、迎难而上,团结带领亿万人民取得一个又一个胜利。在百年奋斗征程中,中国共产党锤炼了不畏强敌、不惧风险、敢于斗争、敢于胜利的风骨和品质。这种风骨和品质,成为党鲜明的特质和特点。

惟其艰难,方显勇毅。新时代这十年,我们遭遇的风险挑战风高浪急,有时甚至是惊涛骇浪,其复杂性严峻性前所未有。面对这些影响党长期执政、国家长治久安、人民幸福安康的突出矛盾和问题,以习近平同志为核心的党中央审时度势、果敢抉择,锐意进取、攻坚克难,团结带领全党全军全国各族人民撸起袖子加油干、风雨无阻向前行,义无反顾进行具有许多新的历史特点的伟大斗争。坚持同贫困落后作斗争,我们历史性地解决了绝对贫困问题;坚持同环境污染作斗争,我们推动生态环境保护发生历史性、转折性、全局性变化;坚持同新冠疫情作斗争,我们经受住了一场艰苦卓绝的历史大考;坚持同党内腐败和作风问题作斗争,我们推动反腐败斗争取得压倒性胜利并全面巩固……事非经过不知难,成如容易却艰辛。新时代十年的伟大变革,不是天上掉下来的,而是通过不断斗争取得的。

踏平坎坷成大道,斗罢艰险又出发。全面建设社会主义现代化国家寄托着中华民族的夙愿和期盼,凝结着中国人民的奋斗和汗水,是一项伟大而艰巨的事业,前途光明,任重道远。全党必须清醒认识前进道路上进行伟大斗争的长期性、复杂性、艰巨性,时刻牢记习近平总书记的警示:"我们面临的各种斗争不是短期的而是长期的,至少要伴随我们实现第二个百年奋斗目标全过程"。只要全党坚定历史自信、增强历史主动，坚守初心使命、传承红色基因，继续发扬担当和斗争精神，以狭路相逢勇者胜的气概，在机遇面前主动出击，在困难面前迎难而上，在风险面前积极应对，团结带领亿万人民勇毅前进，就一定能战胜前进道路上的一切艰难险阻。

2021 年 4 月 25 日上午，正在广西壮族自治区考察的习近平总书记来到红军长征湘江战役纪念馆，参观"血战湘江突重围"展陈。回望红军浴血奋战、突破湘江的革命历史，习近平总书记坚定地说："我们对实现下一个百年奋斗目标、实现中华民族伟大复兴就应该抱有这样的必胜信念。困难再大，想想红军长征，想想湘江血战。"我们党依靠斗争创造历史，更要依靠斗争赢得未来。把握新的伟大斗争的历史特点，发扬斗争精神、增强斗争本领，坚定信心、同心同德，埋头苦干、奋勇前进，我们必能不断夺取新时代伟大斗争的新胜利，不断谱写新时代中国特色社会主义新篇章。

（《人民日报》2022 年 11 月 1 日）

四、推进中国式现代化关键在党

1

中国式现代化是中国共产党
领导的社会主义现代化

人民日报评论部

　　新开局，新气象。紧锣密鼓部署相关工作，定任务、抢新机、忙签约；主动作为，组织招商团组赴海外开拓商机；力争开门红，举行重大项目集中开工仪式……近期，各地全力以赴推动党的二十大精神落实落地，"拉满弓""上满弦"，着力推动经济运行整体好转。从广袤田畴到繁华城市，从工厂车间到施工现场，在党的领导下，各行各业激扬"拼"的精神、"闯"的劲头、"实"的干劲，我国社会主义现代化建设事业日益呈现新面貌。

　　山雄有脊，房固因梁。党的领导是党和国家事业不断发展的"定海神针"。党的二十大报告提出，"中国式现代化，是中国共产党领导的社会主义现代化"。

在新进中央委员会的委员、候补委员和省部级主要领导干部学习贯彻习近平新时代中国特色社会主义思想和党的二十大精神研讨班开班式上，习近平总书记深入阐释党在中国式现代化建设中的领导地位，深刻指出："这是对中国式现代化定性的话，是管总、管根本的。为什么要强调党在中国式现代化建设中的领导地位？这是因为，党的领导直接关系中国式现代化的根本方向、前途命运、最终成败。"

中国的现代化，承载着中国人民的梦想和期盼。近代以后，国家蒙辱、人民蒙难、文明蒙尘，中华民族遭受了前所未有的劫难。从洋务运动的"师夷长技以制夷"，到戊戌变法的"改良图强"，再到辛亥革命的"资产阶级共和国""振兴实业"方案……为了拯救民族危亡，无数仁人志士奔走呐喊，各种救国方案轮番出台，但都以失败告终。探索中国现代化道路的重任，历史地落在了中国共产党身上。

新民主主义革命时期，为实现现代化创造了根本社会条件；社会主义革命和建设时期，为现代化建设奠定根本政治前提和宝贵经验、理论准备、物质基础；改革开放和社会主义建设新时期，为中国式现代化提供了充满新的活力的体制保证和快速发展的物质条件……回首百年历程,中国共产党肩负起探索中国现代化道路的重任,团结带领人民以不懈奋斗深刻改变了近代以后中华民族发展的方向和进程,深刻改变了中国人民和中华民族的前途和命运,深刻改变了世界发展的趋势和格局。历史和实践充分表明,中国式现代化的重大成果,正是我们党领导全国各族人民在长期探索和实践中取得的,历经了千辛万苦,付出了巨大代价。历史和人民选择了中国共产党,中国共产党也没有辜负历史和人民的选择。

大道如砥,行者无疆。党的十八大以来,党和国家面临的形势之复杂、斗争之严峻、改革发展稳定任务之艰巨世所罕见、史所罕见,以习近平同志为核心的党中央领导全党全国各族人民砥砺前行,在新中国成立特别是改革开放以来长期探索和实践基础上继续前进,不断实现理论和实践上的创新突破,成功推进和拓展了中国式现代化。新时代十年的生动实践和伟大变革,丰富了中国式现代化的科学内涵,彰显了中国式现代化的中国特色,明确了中国式现代化的本质要求,拓宽了中国式现代化的前进道路。我们党不仅初步构建起中国式现代化的理论体系,也使中国式现代化变得更加清晰、更加科学、更加可感可行,生动诠释了"中国式现代化走得通、行得稳,是强国建设、民族复兴的唯一正确道路"。事实雄辩证明,党确立习近平同志党中央的核心、全党的核心地位,确立习近平新时代中国特色社会主义思想的指导地位,反映了全党全军全国各族人民共同心愿,对新时代党和国家事业发展、对推进中华民族伟大复兴历史进程具有决定性意义。

概括提出并深入阐述中国式现代化理论,是党的二十大的一个重大理论创新,是科学社会主义的最新重大成果。中国特色社会主义是社会主义而不是别的什么主义,中国式现代化是中国共产党领导的社会主义现代化而不是别的什么现代化。党的二十大报告明确提出中国式现代化的本质要求,首要的就是"坚持中国共产党领导";明确提出中国式现代化必须牢牢把握的"五个重大原则",第一条就是"坚持和加强党的全面领导"。坚持中国共产党领导,是中国式现代化最鲜明的特征和最突出的优势,是推进中国式现代化必须坚持的最高原则。要深刻认识到,党的领导决定中国式现代化的根本性质,确保中国式现代化锚定奋斗目标行稳致远,激发建设中国式现代化的强劲动力,凝聚建设中国式现代化的磅礴力量。推进中国式现代化,必须坚持和加强党的全面领导,充分发挥党总揽全局、协调各方的领导核心作用。以党的旗帜为旗帜、以党的方向为方向、以党的意志为意志，把党的领导落实到党和国家事业各领域各方面各环节，使党始终成为风雨来袭时全体人民最可靠的主心骨，就一定能确保我国社会主义现代化建设正确方向，确保中国式现代化前景光明、繁荣兴盛。

物有甘苦，尝之者识；道有夷险，履之者知。中国式现代化是我们党领导人民长期探索和实践的重大成果，是一项伟大而艰巨的事业。新征程是充满光荣和梦想的远征。征程越是壮阔，目标越是远大，越需要核心的掌舵定向、真理的指引领航。更加紧密地团结在以习近平同志为核心的党中央周围，全面贯彻习近平新时代中国特色社会主义思想，深刻领悟"两个确立"的决定性意义，增强"四个意识"、坚定"四个自信"、做到"两个维护"，沿着中国式现代化这条康庄大道阔步前进，心往一处想、劲往一处使，顽强拼搏、团结奋斗，敢于斗争、善于斗争，我们一定能够谱写新时代中国特色社会主义新篇章，不断夺取全面建设社会主义现代化国家新胜利。

（《人民日报》2023 年 3 月 1 日）

2

党的领导决定中国式
现代化的根本性质

人民日报评论部

　　新中国成立之初,工业化的差距折射着现代化的鸿沟。习近平总书记曾经提到一代人的记忆:"当时,我国一穷二白,连日用的煤油、火柴、铁钉都称为洋油、洋火、洋钉"。岁月为证,从"一辆汽车、一架飞机、一辆坦克、一辆拖拉机都不能造",到构建起门类齐全、世界上最完整的现代工业体系,220多种工业品产量位居世界第一;从满目疮痍、一穷二白,到国内生产总值达121万亿元、稳居世界第二大经济体……新中国成立特别是改革开放以来,我们用几十年时间走完西方发达国家几百年走过的工业化历程,创造了经济快速发展和社会长期稳定的奇迹。在中国共产党领导下,我们成功走出了中国式现代化道路,实现了人类历史上前所未有的大变革。

中国共产党是中国式现代化的领导力量。在新进中央委员会的委员、候补委员和省部级主要领导干部学习贯彻习近平新时代中国特色社会主义思想和党的二十大精神研讨班开班式上，习近平总书记深入阐释党在中国式现代化建设中的领导地位，指出"党的领导直接关系中国式现代化的根本方向、前途命运、最终成败"，强调"党的领导决定中国式现代化的根本性质"。坚持中国共产党领导，是中国式现代化最鲜明的特征和最突出的优势，是推进中国式现代化必须坚持的最高原则。只有毫不动摇坚持党的领导，中国式现代化才能前景光明、繁荣兴盛；否则就会偏离航向、丧失灵魂，甚至犯颠覆性错误。

实现现代化首先有一个走什么路、选择什么样的制度模式和价值体系的问题。中国式现代化是中国共产党领导的社会主义现代化，党的性质宗旨、初心使命、信仰信念、政策主张，决定了中国式现代化是社会主义现代化，而不是别的什么现代化。坚定不移走中国特色社会主义道路，确保中国式现代化在正确的轨道上顺利推进；不断开辟马克思主义中国化时代化新境界，为中国式现代化提供科学指引；坚持和完善中国特色社会主义制度,为中国式现代化稳步前行提供坚强制度保证;坚持和发展中国特色社会主义文化,为中国式现代化提供强大精神力量……历史已经证明并将继续证明,只有中国共产党的领导可以确保中国式现代化始终沿着社会主义方向前进,走出光明大道,赢得光辉未来。

实现人民对美好生活的向往,是我国社会主义现代化建设的出发点和落脚点。摒弃西方以资本为中心的现代化、两极分化的现代化老路,中国式现代化以生产资料社会主义公有制为基础,是以人民为中心的现代化,是不断实现好、维护好、发展好最广大人民根本利益,坚定不移推进全体人民共同富裕的社会主义现代化。打赢脱贫攻坚战,创造彪炳史册的人间奇迹;建成全球最大的社会保障网,2022 年参加基本医疗保险人数超 13.4 亿人;新时代十年,改造棚户区住房 4200 多万套、农村危房 2400 多万户;集中攻克老百姓身边的突出生态环境问题,持续打好蓝天、碧水、净土保卫战……在迈向现代化的过程中,我们始终坚持发展为了人民、发展依靠人民、发展成果由人民共享。亿万人民日常生活的点滴改变,汇聚成中国式现代化滚滚向前的奔涌浪潮。中国共产党领导的社会主义现代化,人民是逻辑起点,人民是价值旨归,为人类现代化事业开辟了以人民为中心的新境界。

中国式现代化是强国建设、民族复兴的唯一正确道路,是一项伟大而艰巨的事业。惟其艰巨,所以伟大;惟其艰巨,更显荣光。当前,世界百年未有之大变局加速演进,我国发展进入战略机遇和风险挑战并存、不确定难预料因素增多的时期,各种"黑天鹅""灰犀牛"事件随时可能发生,需要应对的风险挑战、防范化解的矛盾问题比以往更加严峻复杂。越是在这样的时候,越要有道不改、志不变的决心,既不走封闭僵化的老路,也不走改旗易帜的邪路,坚持以中国式现代化全面推进中华民族伟大复兴,把我国发展进步的命运牢牢掌握在自己手中。中国共产党领导是党和国家的根本所在、命脉所在,是全国各族人民的利益所系、命运所系。只要坚持党的全面领导不动摇,坚决维护习近平总书记党中央的核心、全党的核心地位,坚决维护党中央权威和集中统一领导,把党的领导落实到社会主义现代化建设各领域各方面各环节,就一定能够确保我国社会主义现代化建设正确方向,确保拥有团结奋斗的强大政治凝聚力、发展自信心。

等闲识得东风面,万紫千红总是春。春日的神州大地,处处呈现奋跃而上、生机勃发的景象,14 亿多中国人民阔步行进在通向现代化强国梦想的康庄大道上。展望未来,当一个富强民主文明和谐美丽的社会主义现代化强国屹立在世界东方,中国共产党领导人民在中国进行的伟大社会革命将更加充分地展示出其世界意义、历史意义,为人类文明作出更大贡献。

(《人民日报》2023 年 3 月 2 日)

3

党的领导确保中国式现代化
锚定奋斗目标行稳致远

人民日报评论部

春天,是复苏的季节,也是忙碌的季节。邀请农业专家送来新品种,帮助种粮大户扩大播种面积;走村入户了解农户想法,向产业能手和致富能人寻思路、找方法,千方百计为村子蹚出发展路子;想方设法解决村民就业难题,联系企业负责人到村里商谈,努力拓展就业渠道……这个春天,广大驻村第一书记撸起袖子加油干、挥洒汗水努力拼,为了乡亲们的好日子不停奔走,全力以赴肩负起持续巩固拓展脱贫攻坚成果、全面推进乡村振兴的重要使命。从决战决胜脱贫攻坚到全面推进乡村振兴,变化的是阶段性目标,不变的是中国共产党人为民造福的初心使命、一以贯之的拼搏奋斗。

不忘初心,方得始终。中国式现代化这艘航船之所以能锚定目标、劈波斩浪、行稳致远，正是由于有党的领导。在新进中央委员会的委员、候补委员和省部级主要领导干部学习贯彻习近平新时代中国特色社会主义思想和党的二十大精神研讨班开班式上，习近平总书记深刻指出："党的领导确保中国式现代化锚定奋斗目标行稳致远，我们党的奋斗目标一以贯之，一代一代地接力推进，取得了举世瞩目、彪炳史册的辉煌业绩。"

把我国建设成为社会主义现代化国家，是中国共产党念兹在兹的历史宏愿、始终不渝的奋斗目标。百年风雨跋涉，百年壮歌以行。自诞生之日起，中国共产党团结带领人民所进行的一切奋斗，就是为了把我国建设成为现代化强国，实现中华民族伟大复兴。一代代中国共产党人为此进行了艰辛探索与不懈奋斗。我们走过弯路，也遭遇过一些意想不到的困难和挫折，但建设社会主义现代化国家的意志和决心始终没有动摇。新中国成立特别是改革开放以来，我们用几十年时间走完西方发达国家几百年走过的工业化历程，创造了经济快速发展和社会长期稳定的奇迹，成功走出了中国式现代化道路，为中华民族伟大复兴开辟了广阔前景。我们党之所以能团结带领人民书写中华民族几千年历史上最恢宏的史诗,一个重要原因就是始终锚定奋斗目标,把我国发展进步的命运牢牢掌握在自己手中。不管形势和任务如何变化,不管遇到什么样的惊涛骇浪,把握历史主动、锚定奋斗目标的中国共产党,始终沿着正确方向坚定前行!

一代又一代的奋斗,一棒又一棒的接力。中国特色社会主义进入新时代,新一代中国共产党人接过历史的接力棒,在已有基础上继续前进,在认识上不断深化,在战略上不断完善,在实践上不断丰富,不断实现理论和实践上的创新突破,成功推进和拓展了中国式现代化。从明确"以中国式现代化全面推进中华民族伟大复兴"、初步构建中国式现代化的理论体系,到确定分"两步走"全面建成社会主义现代化强国的时间表,再到消除绝对贫困问题、全面建成小康社会……以习近平同志为核心的党中央团结带领亿万人民锚定目标、接续奋斗,书写了中国式现代化的崭新篇章。实践证明,中国式现代化走得通、行得稳,是强国建设、民族复兴的唯一正确道路。

实现宏伟目标不可能一蹴而就,必须一步一个脚印扎实推进。作为一个坚定的马克思主义政党,中国共产党善于把远大理想、最高纲领同脚踏实地、阶段性目标结合起来。观察中国式现代化,"五年规划"是一个重要窗口。新中国成立以来,我国以 14 个五年规划(计划)书写了人类历史上最为波澜壮阔的现代化篇章。用中长期规划指导经济社会发展,充分彰显了中国共产党领导的政治优势。在政党对比的视角中,这一显著优势更加凸显:我们党坚持把远大理想和阶段性目标统一起来,一旦确立目标,就咬定青山不放松,接续奋斗、艰苦奋斗、不懈奋斗,从根本上超越了资本主义国家政党纷争、党派偏私,政策前后不一、朝令夕改的弊端。

心中有目标,脚下有方向,山长水阔不辞其远,赴汤蹈火不改其志。党的二十大擘画了全面建设社会主义现代化国家、以中国式现代化全面推进中华民族伟大复兴的宏伟蓝图,吹响了奋进新征程的时代号角。新征程是充满光荣和梦想的远征,没有捷径,唯有实干。走过千山万水,仍需跋山涉水。前进道路上,只要我们始终坚持党的领导,坚定历史自信、增强历史主动,以咬定青山不放松的执着奋力实现既定目标,以行百里者半九十的清醒不懈推进中华民族伟大复兴,风雨无阻向前进,越是艰险越向前,中国号巨轮就一定能乘风破浪、扬帆远航。

习近平总书记强调:"没有中国共产党,就没有新中国,就没有中华民族伟大复兴。"抬望眼,目标如同灯塔,指引着前进航向。立志于中华民族千秋伟业的中国共产党,团结带领亿万人民书写了人类发展史上的伟大传奇,也必将在新时代新征程上赢得更加伟大的胜利和荣光。

(《人民日报》2023 年 3 月 3 日)

4

党的领导激发建设
中国式现代化的强劲动力

人民日报评论部

北京市发布《清理隐性壁垒优化消费营商环境实施方案》,提出 51 项改革任务;浙江省公布《浙江省促进中小微企业发展条例》,明确各方主体服务支持中小微企业发展的举措和责任;吉林省印发高效便利政务环境、公平公正法治环境、利企惠企市场环境、保障有力要素环境 4 个建设工程实施方案,提出 182 项政策举措和重点任务……近期,各地坚持以改革解难题、添动力,努力创造良好营商环境,激发各类经营主体活力。一项项举措,映照着全面深化改革不断向纵深推进,体现了新时代中国共产党人以更为强烈的历史自觉和主动精神引领变革、推进变革。

中国式现代化是中国共产党领导的社会主义现代

化，党的领导直接关系中国式现代化的根本方向、前途命运、最终成败。在新进中央委员会的委员、候补委员和省部级主要领导干部学习贯彻习近平新时代中国特色社会主义思想和党的二十大精神研讨班开班式上，习近平总书记指出："党的领导激发建设中国式现代化的强劲动力，我们党勇于改革创新，不断破除各方面体制机制弊端，为中国式现代化注入不竭动力。"

改革开放是党和人民大踏步赶上时代的重要法宝，是坚持和发展中国特色社会主义的必由之路，是决定当代中国命运的关键一招。1978 年 12 月我们党召开十一届三中全会，开启了改革开放和社会主义现代化的伟大征程。正是这"关键一招"的深入实施，让中国实现了从高度集中的计划经济体制到充满活力的社会主义市场经济体制的伟大历史转折，让一切劳动、知识、技术、管理、资本等要素的活力竞相迸发，让一切创造社会财富的源泉充分涌流。

改革开放之初，虽然我们国家大、人口多、底子薄，面对着重重困难和挑战，但我们对未来充满信心，设计了分三步走基本实现社会主义现代化的宏伟蓝图。改革开放 40 多年来，我们咬定青山不放松，风雨无阻朝着这个伟大目标前进。党的二十大深刻阐释了中国式现代化的中国特色、本质要求和必须牢牢把握的重大原则,擘画了全面建设社会主义现代化国家、以中国式现代化全面推进中华民族伟大复兴的宏伟蓝图。抚今追昔,我们党引领人民绘就了一幅波澜壮阔、气势恢宏的历史画卷,谱写了一曲感天动地、气壮山河的奋斗赞歌。

改革是解放和发展社会生产力的关键,是推动国家发展的根本动力。党的十八大以来,以习近平同志为核心的党中央以巨大的政治勇气全面深化改革,打响改革攻坚战,加强改革顶层设计,敢于突进深水区,敢于啃硬骨头,敢于涉险滩,敢于面对新矛盾新挑战,冲破思想观念束缚,突破利益固化藩篱,坚决破除各方面体制机制弊端,实现改革由局部探索、破冰突围到系统集成、全面深化的转变,开创了我国改革开放新局面。以完善产权制度和要素市场化配置为重点深化经济体制改革,使市场在资源配置中起决定性作用和更好发挥政府作用;加快实施创新驱动发展战略,143 项深化科技体制改革任务全面完成;持续深化医药卫生体制改革,已开展的 7 批集采累计降低百姓用药负担约 3000 亿元……新时代以来,各方面先后出台 2000多个改革方案,目标指向一以贯之,重大部署接续递进。从夯基垒台、立柱架梁到全面推进、积厚成势,再到系统集成、协同高效,全面深化改革蹄疾步稳,各领域基础性制度框架基本建立,许多领域实现历史性变革、系统性重塑、整体性重构,国家治理体系和治理能力现代化水平明显提高,极大解放和发展了社会生产力,极大增强了社会发展活力。

我们已经走过千山万水,但仍需跋山涉水。习近平总书记强调:"改革创新是通往长久繁荣的必由之路。"应当深刻认识到,推进中国式现代化是一个探索性事业,还有许多未知领域,需要我们在实践中大胆探索,通过改革创新来推动事业发展,决不能刻舟求剑、守株待兔。要始终牢记改革只有进行时、没有完成时,必须深入推进改革创新,坚定不移扩大开放,着力破解深层次体制机制障碍,不断彰显中国特色社会主义制度优势,不断增强社会主义现代化建设的动力和活力,把我国制度优势更好转化为国家治理效能。

惊涛骇浪从容渡,风雨无阻向前行。在刚刚闭幕的全国两会上,改革开放是代表委员热议的一个关键词。眺望前方的奋进路,准确识变、科学应变、主动求变,以高度的使命感和责任感坚定不移深化改革开放,激扬创新的精气神,我们就一定能在新时代新征程上创造新的伟业,不断赢得优势、赢得主动、赢得未来。

（《人民日报》2023 年 3 月 15 日）

5

党的领导凝聚建设
中国式现代化的磅礴力量

人民日报评论部

"充分运用数字化改革成果推进民生改善,真正让数据多跑路,让群众少跑腿""落实新就业形态劳动者权益保障政策,促进新就业形态健康发展""进一步增强养老服务供给能力,推进养老护理服务人员培养计划"……2023年全国两会期间,民生话题备受关注,代表委员积极建言献策。着眼2023年发展主要预期目标,提出国内生产总值增长5%左右,居民收入增长与经济增长基本同步……2023年的《政府工作报告》中鲜明的政策导向,映照着以人民为中心的发展思想,传递出可感可知的民生温度。

现代化的本质是人的现代化。为人民谋幸福、为民族谋复兴,这是我们党领导现代化建设的出发点和落脚点。在新进中央委员会的委员、候补委员和省部级主要领导干部学习贯彻习近平新时代中国特色社会主义思想和党的二十大精神研讨班开班式上，习近平总书记深刻指出："党的领导凝聚建设中国式现代化的磅礴力量，我们党坚持党的群众路线，坚持以人民为中心的发展思想，发展全过程人民民主，充分激发全体人民的主人翁精神。"在参加十四届全国人大一次会议江苏代表团审议时，习近平总书记指出"人民幸福安康是推动高质量发展的最终目的"，强调"紧紧抓住人民群众急难愁盼问题，采取更多惠民生、暖民心举措"。

尊重人的价值、激发人的能量、成就人的梦想，这是伟大事业最深厚的价值底色。近代以后，中国人民深受三座大山压迫。百年来，党领导人民进行了波澜壮阔的伟大斗争，中国从四分五裂、一盘散沙到高度统一、民族团结，从积贫积弱、一穷二白到全面小康、繁荣富强，从被动挨打、饱受欺凌到独立自主、坚定自信，仅用几十年时间就走完发达国家几百年走过的工业化历程，创造了经济快速发展和社会长期稳定两大奇迹，中国人民彻底摆脱了被欺负、被压迫、被奴役的命运，成为国家、社会和自己命运的主人，正在信心百倍书写着新时代中国发展的伟大历史。事实充分证明,中国式现代化是中国共产党领导的社会主义现代化,人民是逻辑起点,人民是价值旨归。

为了人民而发展,发展才有意义;依靠人民而发展,发展才有动力。小康梦、强国梦、中国梦,归根到底是老百姓的"幸福梦"。新时代十年来,在以习近平同志为核心的党中央坚强领导下,我们打赢了人类历史上规模最大的脱贫攻坚战,实现了小康这个中华民族的千年梦想;我们在幼有所育、学有所教、劳有所得、病有所医、老有所养、住有所居、弱有所扶上持续用力,建成世界上规模最大的教育体系、社会保障体系、医疗卫生体系,人民民主不断发展,人民群众获得感、幸福感、安全感更加充实、更有保障、更可持续,共同富裕取得新成效。实践证明,人民是我们党执政的最深厚基础和最大底气,只有坚持以人民为中心的发展思想,坚持发展为了人民、发展依靠人民、发展成果由人民共享,才会有正确的发展观、现代化观。

党的二十大擘画了以中国式现代化全面推进中华民族伟大复兴的宏伟蓝图,明确了前进道路上必须牢牢把握的重大原则,"坚持和加强党的全面领导""坚持以人民为中心的发展思想"是其中的重要方面。2023年全国两会上，习近平总书记语重心长："面对国际国内环境发生的深刻复杂变化，必须做到沉着冷静、保持定力，稳中求进、积极作为，团结一致、敢于斗争。"前进道路上，只要在党的旗帜下，全党全国各族人民团结成"一块坚硬的钢铁"，就没有战胜不了的艰难险阻，就没有成就不了的宏图大业。坚持一切为了人民、一切依靠人民，始终把人民放在心中最高位置、把人民对美好生活的向往作为奋斗目标，让现代化建设成果更多更公平惠及全体人民，推动共同富裕取得更为明显的实质性进展，就一定能为全面建设社会主义现代化国家、全面推进中华民族伟大复兴凝聚强大力量。

"我们的现代化既是最难的，也是最伟大的。"回首过往的奋斗路，新时代的伟大成就是党和人民一道拼出来、干出来、奋斗出来的。眺望前方的奋进路，只有全体人民心往一处想、劲往一处使，同舟共济、众志成城，敢于斗争、善于斗争，才能不断夺取新的更大胜利。毫不动摇坚持党的领导，把党的领导落实到党和国家事业各领域各方面各环节，坚持人民主体地位，尊重人民首创精神，想人民之所想，行人民之所嘱，不断实现好、维护好、发展好最广大人民根本利益,中国式现代化道路必将越走越宽广。

(《人民日报》2023 年 3 月 16 日)

五、推进中国式现代化需要处理好若干重大关系

1

处理好顶层设计与
实践探索的关系

人民日报评论部

　　一个村庄的变化，折射一个国家的前行足迹。党的二十大胜利闭幕后，习近平总书记来到陕西省延安市安塞区高桥镇南沟村。习近平总书记十分关心灌溉和用水问题，老乡们告诉总书记，他们通过筑水坝、搞滴灌和精细化管理，有效解决了用水和灌溉问题。一个微小视角，映射着中国乡村的沧桑巨变，也彰显着顶层设计与实践探索的辩证统一：国家围绕全面推进乡村振兴进行顶层设计，各地因地制宜创造性落实党中央决策部署，为推动农业强、农村美、农民富注入强劲动能。

　　在新进中央委员会的委员、候补委员和省部级主要领导干部学习贯彻习近平新时代中国特色社会主义思想和党的二十大精神研讨班开班式上，习近平总书记深刻指出"推进中国式现代化是一个系统工程"，强调"正确处理好顶层设计与实践探索、战略与策略、守正与创新、效率与公平、活力与秩序、自立自强与对外开放等一系列重大关系"。6组重大关系，既辩证统一又一脉相承，既着眼长远又脚踏实地，充分体现了马克思主义唯物辩证的思想方法，是我们党对推进中国式现代化认识的进一步深化。这其中，摆在首位的就是处理好顶层设计与实践探索的关系。

不谋万世者，不足谋一时；不谋全局者，不足谋一域。党的二十大报告深刻阐述了中国式现代化的中国特色、本质要求、重大原则，这是推进中国式现代化的顶层设计。中国式现代化是分阶段、分领域推进的。实现各阶段发展目标，落实各领域发展战略，同样需要进行顶层设计。今天，无论是实现"双碳"目标、走好绿色发展之路，还是突破"卡脖子"技术、实现高水平自立自强；无论是持续保障和改善民生、扎实推动共同富裕，还是推动文化发展、建设文化强国，都涉及政府、企业、居民等多元主体，都呼唤城乡、地区、行业间协同配合，这就要进行顶层设计，做好系统谋划。进行顶层设计，需要深刻洞察世界发展大势，准确把握人民群众的共同愿望,深入探索经济社会发展规律,使制定的规划和政策体系体现时代性、把握规律性、富于创造性,做到远近结合、上下贯通、内容协调。

推进中国式现代化是一个探索性事业,还有许多未知领域,需要我们在实践中去大胆探索,通过改革创新来推动事业发展,决不能刻舟求剑、守株待兔。回首改革开放以来的发展历程,鼓励基层自发探索、发挥群众首创精神,允许各地根据自身特色进行差异化、多元化尝试,是推进改革发展的一条重要经验。进入新时代,"河长制""湖长制"让每一条河流、每一个湖泊都得到珍惜保护,以小切口撬动生态文明建设大棋局;"商事制度改革"提升企业开办便利度,激发了经营主体的活力潜力;上海自贸试验区敢为人先,大批制度创新成果向全国复制推广……事实证明,改革创新最大的活力蕴藏在基层和群众中间。新征程上,各地区各部门要结合各自具体实际开拓创新,特别是在前沿实践、未知领域,鼓励大胆探索、敢为人先,寻求有效解决新矛盾新问题的思路和办法,努力创造可复制、可推广的新鲜经验。

更应看到,顶层设计与实践探索是辩证统一的,要求我们在推进中国式现代化实践中实现二者良性互动、有机结合。在加强顶层设计时,不能脱离基本国情和实践需要,立足基层实践的顶层设计,才能扎根中国大地、指导火热实践;在进行实践探索时,不能一叶障目、迷失方向,契合顶层设计的实践探索,才能更好形成合力、服务全局。既从全局着眼谋篇布局、做好制度设计,又从实践入手笃行不怠、进行大胆探索,真正做到在战略决策上坚持顶层设计、在战术选择上鼓励实践探索,才能调动中央和地方两个积极性,最大限度激发推进中国式现代化的强大力量。

中国是一个超大规模国家,惟其规模巨大,更需整体层面的战略谋划;惟其国情复杂,更需具体落实的灵活创新。习近平总书记强调:"治理这样一个国家很不容易,必须登高望远,同时必须脚踏实地。"登高望远,以顶层设计定向把舵;脚踏实地,以实践探索踔厉奋发,我们就一定能沿着中国式现代化这条强国建设、民族复兴的唯一正确道路阔步前进,走向更光明的未来。

（《人民日报》2023 年 2 月 21 日）

2

处理好战略与策略的关系

人民日报评论部

巩固拓展脱贫攻坚成果同乡村振兴有效衔接,农业农村发展呈现新面貌新气象;义务教育普及程度达到世界高收入国家平均水平,高等教育实现从大众化到普及化的历史性跨越;京津冀协同发展、长江经济带发展、粤港澳大湾区建设等区域重大战略,引领我国区域发展取得历史性成就……新时代十年来,高瞻远瞩的战略擘画,精准有力的策略举措,为成功推进和拓展中国式现代化提供了坚实支撑。

在新进中央委员会的委员、候补委员和省部级主要领导干部学习贯彻习近平新时代中国特色社会主义思想和党的二十大精神研讨班开班式上,习近平总书记提出推进中国式现代化需要处理好若干重大关系,其中之一就是战略与策略的关系。战略和策略是辩证统一的关系,战略是从全局、长远、大势上作出判断和决策,策略是在战略指导下为战略服务的,正确的战略需要正确的策略来落实。正确运用战略策略是我们党创造辉煌历史、成就千秋伟业、战胜各种风险挑战、不断从胜利走向胜利的成功秘诀。推进中国式现代化必须把这一成功秘诀总结好、运用好。

战略问题是一个政党、一个国家的根本性问题。凡事预则立,不预则废。站在时代前沿观察思考问题,把谋事和谋势、谋当下和谋未来统一起来,对趋势性问题具有前瞻性和预见性,才能未雨绸缪、提前谋划、牢牢把握战略主动权。党的十八大以来,提出高质量发展引领经济转型升级,提出科技自立自强破解"卡脖子"问题,提出构建新发展格局应对外部环境变化……正是战略上的前瞻性思考,使我国在面对不确定性因素时总能收放自如、应对裕如。因此,要增强战略的前瞻性,准确把握事物发展的必然趋势,敏锐洞悉前进道路上可能出现的机遇和挑战,以科学的战略预见未来、引领未来。

党的二十大报告着眼以中国式现代化全面推进中华民族伟大复兴,提出深入实施科教兴国战略、人才强国战略、创新驱动发展战略等一系列重大战略。凡是涉及我国经济、政治、文化、社会、生态、外交、国防和党的建设等全局性的重大问题,都需要从战略上进行思考、研究和筹谋;凡是涉及改革发展稳定工作中的各种重大问题,也都需要从战略上拿出治本之策。因此,要增强战略的全局性,谋划战略目标、制定战略举措、作出战略部署,都要着眼于解决事关党和国家事业兴衰成败、牵一发而动全身的重大问题。

战略的实施过程必然会遇到各种不同的实际情况和形势环境的不断变化,如果没有足够的战略定力,一遇到风险挑战就止步退缩,就不能把战略落实到位。进入新时代,从锲而不舍打赢脱贫攻坚战,到持之以恒建设美丽中国,再到不断完善区域协调发展战略,保持战略定力和耐心、坚持一张蓝图绘到底,这是各项战略取得实际成效的重要原因。因此,要增强战略的稳定性,战略一经形成,就要长期坚持、一抓到底、善作善成,不要随意改变。

策略是战略实施的科学方法。要取得各方面斗争的胜利,我们不仅要有战略谋划,有坚定意志,还要有策略、有智慧、有方法。应该看到,实施战略的环境条件随时都在发生变化,每时每刻都会遇到新情况新问题。这就需要把战略的原则性和策略的灵活性有机结合起来,灵活机动、随机应变、临机决断,在因地制宜、因势而动、顺势而为中把握战略主动。各地区各部门一方面要恪守战略的原则性,确定工作思路、工作部署、政策措施,要自觉同党的理论和路线方针政策对标对表、及时校准偏差;另一方面也要善于把握策略的灵活性,制定符合实际的工作策略和方法,以创造性贯彻落实赢得主动、赢得优势、赢得未来。

"有一定之略,然后有一定之功。"我们党之所以能够统一思想、统一步调、团结一致向前进,之所以能够取得革命、建设、改革的伟大胜利和辉煌成就,就在于我们党坚持马克思主义指导,高瞻远瞩、见微知著,既解决现实问题,又解决战略问题,准确判断和把握形势,制定切合实际的目标任务、政策策略。走在中国式现代化这条强国建设、民族复兴的康庄大道上,正确运用战略策略的成功秘诀,放眼全局谋一域、把握形势谋大事,中国号巨轮一定能乘风破浪、扬帆远航,迎来更加壮阔的光明前程。

(《人民日报》2023 年 2 月 22 日)

3

处理好守正与创新的关系

人民日报评论部

观察中国的发展，"五年规划"是一个重要窗口。新中国成立以来，我国以 14 个五年规划（计划）书写了人类历史上最为波澜壮阔的现代化进程。在这个过程中，把我国建设成为现代化强国的目标坚定不移，同时根据不同阶段科学制定发展规划，正体现了守正与创新相统一的方法论智慧。

守正创新是我们党在新时代治国理政中的重要思维方法。在新进中央委员会的委员、候补委员和省部级主要领导干部学习贯彻习近平新时代中国特色社会主义思想和党的二十大精神研讨班开班式上，习近平总书记提出推进中国式现代化需要处理好若干重大关系，其中之一就是守正与创新的关系。知常明变者赢，守正创新者进。守正创新，既与中华民族几千年来恪守正道、革故鼎新的文化传统相承袭，又与我们党一贯坚持的解放思想、实事求是、与时俱进、求真务实的品格相贯通。中国式现代化的探索就是一个在继承中发展、在守正中创新的历史过程。在推进中国式现代化这项前无古人的开创性事业中，我们必须处理好守正与创新的关系，在守正中把稳舵盘、保持航向，在创新中寻求突破、扬帆远航。

方向决定道路，道路决定命运。惟有守正，才能不迷失方向、不犯颠覆性错误。进入新时代，我们坚持以习近平新时代中国特色社会主义思想为指导，进一步深化对中国式现代化的内涵和本质的认识，概括形成中国式现代化的中国特色、本质要求和重大原则，初步构建中国式现代化的理论体系。在推进中国式现代化的新征程上，必须守好中国式现代化的本和源、根和魂，毫不动摇坚持中国式现代化的中国特色、本质要求、重大原则，坚持党的基本理论、基本路线、基本方略，坚持党的十八大以来的一系列重大方针政策，确保中国式现代化的正确方向。

实践没有止境，变化永不停息。惟有创新，才能把握时代、引领时代。党的十八大以来，从深化党和国家机构改革、党和国家机构职能实现系统性整体性重构，到在科研领域实行"揭榜挂帅"制度、激发科技创新活力,再到建设全国统一大市场、更好促进国内大循环……一系列改革在坚持正确方向的前提下推进实践创新、制度创新,极大增强了社会活力和创造力。应该看到,推进中国式现代化是一个探索性事业,还有许多未知领域,需要我们在实践中去大胆探索,通过改革创新来推动事业发展。因此,要把创新摆在国家发展全局的突出位置,顺应时代发展要求,着眼于解决重大理论和实践问题,积极识变应变求变,大力推进理论创新、实践创新、制度创新、文化创新以及其他各方面创新,不断开辟发展新领域新赛道,塑造发展新动能新优势,让创新在全社会蔚然成风。

源浚者流长,根深者叶茂。守正与创新相辅相成,体现了变与不变、继承与发展、原则性与创造性的辩证统一。守正不是墨守成规、一成不变,创新不是无本之木、无源之水。只有在创新基础上的守正,才不会故步自封,才能与时俱进、推陈出新;只有在守正基础上的创新,才不会偏离方向,才能根深叶茂、源远流长。坚持守正与创新的辩证统一,以守正为创新凝心铸魂,以创新为守正注入活力,就能始终沿着正确方向推动中国式现代化行稳致远。

新中国成立后提出建设"四个现代化",改革开放后提出现代化建设"三步走"战略,党的二十大对全面建成社会主义现代化强国两步走战略安排进行宏观展望……朝着社会主义现代化强国目标,我们党守正不渝,创新不止。前进道路上,锚定既定目标、保持战略定力,紧跟时代步伐、顺应实践发展,在立场、方向、原则、道路等根本性问题上旗帜鲜明、毫不含糊,以满腔热忱对待一切新生事物,不断拓展认识的广度和深度,敢于说前人没有说过的新话,敢于干前人没有干过的事情,一棒接着一棒跑,一关接着一关闯,我们定能沿着中国式现代化这条康庄大道,实现中华民族伟大复兴。

（《人民日报》2023 年 2 月 23 日）

4

处理好效率与公平的关系

人民日报评论部

"山沟沟里绕蜡村,小路弯弯绕山转",四川省阿坝藏族羌族自治州九寨沟县黑河镇绕蜡村曾是省级贫困村,受地理环境影响,当地交通、通信等基础设施建设一度落后。近年来,随着脱贫攻坚和乡村振兴的推进,"信息高速公路"铺进山旮旯,农村公路修进深沟偏寨,村子面貌焕然一新。在东西部扶贫协作帮扶资金的支持下,当地还建起了葡萄种植基地,村民以土地参股,2022年亩产葡萄逾2500斤,总收入52万余元。政策支持、资金投入、对口帮扶……像绕蜡村这样的发展故事,在中华大地广泛上演,广大人民群众共享发展成果,走向共同富裕,生活蒸蒸日上。

在新进中央委员会的委员、候补委员和省部级主要领导干部学习贯彻习近平新时代中国特色社会主义思想和党的二十大精神研讨班开班式上,习近平总书记提出推进中国式现代化需要处理好若干重大关系,其中之一就是效率与公平的关系。中国式现代化是全体人民共同富裕的现代化,既要创造比资本主义更高的效率,又要更有效地维护社会公平,更好实现效率与公平相兼顾、相促进、相统一。只有处理好效率与公平的关系,在做大蛋糕的同时分好蛋糕,才能让现代化建设成果更多更公平惠及全体人民。

贫穷不是社会主义,我国仍处于社会主义初级阶段,发展是解决我国一切问题的基础和关键。以供给侧结构性改革提高供给体系质量和效率,以深入推进简政放权激发市场活力,以大力减税降费为企业纾困解难……党的十八大以来,一系列改革举措不断推出,极大提升了经济社会发展的效率。应该看到,我们要实现全面建设社会主义现代化国家各项目标任务,必须保持一定的经济增长速度,"发展是硬道理"要继续坚持。要坚持和完善社会主义基本经济制度,毫不动摇巩固和发展公有制经济,毫不动摇鼓励、支持、引导非公有制经济发展,充分发挥市场在资源配置中的决定性作用,更好发挥政府作用,构建全国统一大市场,深化要素市场化改革,建设高标准市场体系,营造市场化、法治化、国际化一流营商环境,着力提高全要素生产率。

贫富悬殊、两极分化也不是社会主义,全体人民共同富裕的现代化,是中国式现代化的本质特征。我们追求的发展是造福人民的发展,我们追求的富裕是全体人民共同富裕。从完善收入分配制度,到促进基本公共服务均等化,再到主动解决地区差距、城乡差距、收入差距等问题……我们已经形成促进全体人民共同富裕的一整套思想理念、制度安排、政策举措,推动共同富裕取得新成效。应该看到,促进全体人民共同富裕,让所有人都有机会凭自己的能力参与现代化进程,避免贫富悬殊、两极分化,这体现了中国式现代化鲜明的价值底色。要加快建立以权利公平、机会公平、规则公平为主要内容的社会公平保障体系,保证人民平等参与、平等发展权利,扎实推进全体人民共同富裕取得更为明显的实质性进展。

公平要建立在效率的基础上,效率也要以公平为前提才得以持续。处理好效率与公平的关系,就要做到统筹兼顾、有机结合,避免在现实中剑走偏锋、顾此失彼。既不能因为片面追求效率而在客观上造成富者愈富、穷者愈穷的马太效应,也不能因为片面追求公平而影响社会活力的释放。以提升效率不断做大蛋糕，以促进公平分好蛋糕，才能实现效率与公平的辩证统一，既推动社会主义现代化事业不断发展壮大，又让每个人都分享成果、参与其中。

"21世纪第一个10年，年均收入46500元；2021年，总收入141200元；轿车换了1辆，电视机换了2台，电脑换了2台，手机换了3部……"这是山东省枣庄市一位市民的家庭"小账本"，记录着满满的获得感和幸福感，也折射出经济发展成果不断惠及亿万人民。处理好效率与公平的关系，进一步解放和发展生产力，让一切劳动、知识、技术、管理、资本的活力竞相迸发，让一切创造社会财富的源泉充分涌流，不断提升发展的平衡性、协调性、包容性，我们就一定能实现更高质量、更有效率、更加公平、更可持续、更为安全的发展，使全体人民共享发展成果。

（《人民日报》2023年2月24日）

5

处理好活力与秩序的关系

人民日报评论部

春回大地,神州渐暖。在北京市,周末各大商圈人潮涌动,消费潜力加速释放;在上海的自动化码头,超大型货轮有序进行集装箱吊装作业;在陕西省延安市,南沟村的乡亲们忙着管护苹果树……今天,流动的中国充满生机活力、保持和谐有序,呈现既有活力又有秩序的时代画卷。

在新进中央委员会的委员、候补委员和省部级主要领导干部学习贯彻习近平新时代中国特色社会主义思想和党的二十大精神研讨班开班式上,习近平总书记提出推进中国式现代化需要处理好若干重大关系,其中之一就是活力与秩序的关系。社会发展需要充满活力,但这种活力又必须是有序活动的。一个现代化的社会,应该既充满活力又拥有良好秩序,呈现出活力和秩序有机统一。中国式现代化应当实现、能够实现活而不乱、活跃有序的动态平衡。

在科研领域,下放科技管理权限,赋予科研人员和科研单位更大科研自主权;探索首席科学家负责制,鼓励支持首席科学家团队勇闯科学的"无人区";实行"揭榜挂帅""赛马"等制度,鼓励科技领军人才挂帅出征。这一系列改革举措为科研人员松绑,极大激发了科技创新活力。充分调动人民群众的积极性、主动性、创造性,让创新创造的活力充分涌流、竞相迸发,是我们攻克一个又一个难关、创造一个又一个人间奇迹的重要原因。让经济社会发展永葆生机活力,还要深化各方面的体制机制改革,充分释放全社会创造潜能,鼓励科学家、企业家、艺术家等各方面人才特别是青年人才创新创造;采取切实有效措施解决不愿担当、不敢担当、不善担当等问题,充分调动广大党员干部干事创业的积极性;形成劳动创造财富、实干创造业绩、奋斗创造幸福的正确导向,充分激发全社会创造活力。

世界现代化历程的一般规律表明,一个国家在从传统社会向现代社会转变的过程中,往往都要经历一个社会矛盾和风险的高发期。在追求现代化的艰苦卓绝奋斗中,我们党领导人民创造了世所罕见的经济快速发展和社会长期稳定两大奇迹,不仅用几十年时间走完发达国家几百年走过的工业化历程,更在实现经济快速发展的同时有效应对转型阵痛、确保社会长期稳定,让经济社会发展的活力有序释放。实践充分表明,只有在秩序的框架下,保持稳定安全的社会环境,才能不断释放经济社会发展活力,汇聚源源不断的发展动力。要统筹发展和安全,贯彻总体国家安全观,健全国家安全体系,增强维护国家安全能力,坚定维护国家政权安全、制度安全、意识形态安全和重点领域安全;提高公共安全治理水平,完善社会治理体系,提升社会治理效率;发展全过程人民民主,努力把矛盾纠纷化解在基层、消除在萌芽状态。

秩序代表着社会的有序、和谐与稳定,而活力则蕴含着社会的丰富性、多样性。健康、良好的社会秩序是社会焕发活力的前提和保障,社会活力的奔涌则会进一步促进社会秩序的提升,活力和秩序两者相辅相成、辩证统一。正如习近平总书记深刻指出的:"社会治理是一门科学,管得太死,一潭死水不行;管得太松,波涛汹涌也不行。"寓活力于秩序之中,建秩序于活力之上,实现社会有序运行与社会活力迸发相统一、相协调,确保人民安居乐业、社会安定有序、国家长治久安,才能确保中国式现代化稳步向前。

今天的中国,是一个活力奔涌的中国,也是一个和谐稳定的中国。以中国式现代化全面推进中华民族伟大复兴,既要以安定有序赢得长远,也要以旺盛活力提供动力。科学有效协调活力与秩序的关系,保持活力与秩序的动态平衡,定能续写两大奇迹新篇章,汇聚起实现中华民族伟大复兴的磅礴力量。

（《人民日报》2023 年 2 月 27 日）

6

处理好自立自强与
对外开放的关系

人民日报评论部

截至 2023 年 2 月 14 日，被誉为"中国天眼"的
500 米口径球面射电望远镜（FAST）已发现 740 余颗
新脉冲星。从落成运行，到首次发现毫秒脉冲星，再到
如今持续产出成果，中国在脉冲星观测和研究等领域
实现从跟跑、并跑到领跑的跨越。FAST 也于 2021 年
3 月正式向全球开放共享，向全球天文学家征集观测
申请，大大增加了人类有效探索的宇宙空间范围。
"中国天眼"不仅推动中国科技进步，更让全人类看得
更远，这是我们坚持自立自强与对外开放有机结合的
生动缩影。

在新进中央委员会的委员、候补委员和省部级主
要领导干部学习贯彻习近平新时代中国特色社会主义

思想和党的二十大精神研讨班开班式上，习近平总书记提出推进中国式现代化需要处理好若干重大关系，其中之一就是自立自强与对外开放的关系。既坚持独立自主、自立自强，也坚持不断扩大高水平对外开放，在自主中谋求发展、在开放中坚持自主，才能走好自己的路、办好自己的事，在中国与世界各国良性互动、互利共赢中推进中国式现代化事业。

推进中国式现代化必须坚持独立自主、自立自强，坚持把国家和民族发展放在自己力量的基点上，坚持把我国发展进步的命运牢牢掌握在自己手中。这些年，矢志攻克关键领域核心技术，努力破解"卡脖子"难题；发展数字经济、人工智能，抢占未来先机；构建全国统一大市场，为畅通国内大循环奠定基础……正是因为我们坚持独立自主、自力更生，在实现高水平自立自强上迈出坚实步伐，才能够"任凭风浪起，稳坐钓鱼台"，成功应对外部环境变化和各种外部冲击。新征程上，要加快构建新发展格局，夯实我国经济发展的根基、增强发展的安全性稳定性，在各种可以预见和难以预见的狂风暴雨、惊涛骇浪中增强我国的生存力、竞争力、发展力、持续力；要健全新型举国体制，继续抓好关键核心技术攻关，强化国家战略科技力量，加快科技自立自强步伐。

对外开放是中国的基本国策,任何时候都不会动摇。推进中国式现代化,也需要不断扩大高水平对外开放。新春伊始,天津港码头机器轰鸣,国际班列接踵而至;"最北自贸区"中国(黑龙江)自由贸易试验区黑河片区的企业生产正忙,奋力冲刺首季"开门红";浙江义乌国际商贸城兔年开市首日,客流量超 22 万人次,210 多万种商品上新……扩大对外开放,中国有坚定决心、鲜明态度,更有务实行动、扎实举措。过去中国经济发展是在开放条件下取得的,未来中国经济实现高质量发展也必须在更加开放的条件下进行。新征程上,要不断扩大高水平对外开放,深度参与全球产业分工和合作,稳步拓展规则、规制、管理、标准等制度型开放,推动共建"一带一路"高质量发展,维护多元稳定的国际经济格局和经贸关系,用好国内国际两种资源,拓展中国式现代化的发展空间。

处理好自立自强与对外开放的关系,需要把握好中与西、内与外之间的内在张力。习近平总书记深刻指出,"当代中国的伟大社会变革,不是简单延续我国历史文化的母版,不是简单套用马克思主义经典作家设想的模板,不是其他国家社会主义实践的再版,也不是国外现代化发展的翻版"。当人类越来越成为你中有我、我中有你的命运共同体,没有对外开放就会故步自封,没有自立自强就会随波逐流,只有在独立自主的基础上借鉴吸收一切人类优秀文明成果,做到不忘本来、吸收外来,才能更好地开创未来。

"我们开放的大门永远是敞开的,同时一定要定下心来,一心一意走自己的路,而且要建立这样的一种自信,就是我们一定会把自己的事业办好,屹立于世界民族之林。"习近平总书记的一番话发人深思。面向未来,我们怀揣"把自己的事业办好"的坚定底气,保持"开放的大门永远是敞开的"广阔胸襟,就能以中国式现代化为世界提供更多机遇,为人类进步作出更大贡献。

(《人民日报》2023 年 2 月 28 日)

六、不断夺取全面建设社会主义现代化国家新胜利

1

坚持以推动高质量发展为主题

人民日报评论部

党的二十大绘就宏伟蓝图、吹响奋进号角,神州大地气象万千,亿万人民奋勇争先。第五届进博会按一年计意向成交金额 735.2 亿美元,实现了成功、精彩、富有成效的预期目标;新能源汽车产销连创历史新高,市场渗透率快速攀升;夏耘秋收,仓廪殷实,全国秋粮收获进度接近完成,丰收在望,稳产优产……"中国号"巨轮沿着高质量发展的壮阔航程破浪前行,我们正在中国式现代化道路上全面推进中华民族伟大复兴。

实现什么样的发展、怎样实现发展,这是党领导人民治国理政必须回答好的重大问题。习近平总书记在党的二十大报告中对全面建设社会主义现代化国家战略布局进行了科学谋划,明确指出"高质量发展是全面建设社会主义现代化国家的首要任务",强调"我们要坚持以推动高质量发展为主题"。这是在深入分析我国发展新的历史条件和阶段、全面认识和把握我国现代化建设实践历程以及各国现代化建设一般规律的基础上,作出的一个具有全局性、长远性和战略性意义的重大判断。奋进新征程、建功新时代、创造新伟业,我们必须认真学习领会高质量发展的历史逻辑、深刻内涵和实践要求,切实把推动高质量发展的要求贯彻到经济社会发展的全过程各领域。

全面建设社会主义现代化国家是一项伟大而艰巨的事业,高质量发展是首要任务,也是基本路径。无论是解决发展起来以后的问题还是把人民对美好生活的向往变为现实,无论是推动乡村全面振兴还是实现全体人民共同富裕,都需要始终抓好发展这个"党执政兴国的第一要务",牢牢把握发展这个"解决中国一切问题的关键"。当前,我国发展面临新的战略机遇、新的战略任务、新的战略阶段、新的战略要求、新的战略环境。只有努力实现更高质量、更有效率、更加公平、更可持续、更为安全的发展,人民美好生活和社会事业发展、文化事业繁荣、生态环境美好、国际地位提升、安全能力增强等各方面建设的物质条件才能不断得到夯实,全面建成社会主义现代化强国才能有更为坚实的物质技术基础。

党的二十大报告阐释了中国式现代化的本质要求,"实现高质量发展"是其中一个方面。经济发展是质和量的有机统一,经济长期持续健康发展有赖于促进发展质量变革、效率变革、动力变革,进而推动经济实现质的有效提升和量的合理增长。我国经济发展中的矛盾和问题集中体现在推进高质量发展还有许多卡点瓶颈,主要是科技创新能力还不强、供给体系质量还不高、资源要素投入消耗较大、绿色生产生活方式还未完全形成等。解决好发展不平衡不充分问题,必须完整、准确、全面贯彻新发展理念,尽快形成创新驱动、节约集约、绿色低碳的高质量发展方式,确保经济发展和人民生活不断迈上新台阶。

新征程是充满光荣和梦想的远征,在大变局中掌握战略主动,在大挑战中用好战略机遇,关键在于办好中国自己的事。把实施扩大内需战略同深化供给侧结构性改革有机结合起来,有助于增强国内大循环内生动力和可靠性;坚持教育优先发展、科技自立自强、人才引领驱动,有助于提高全要素生产率;建设现代化产业体系,有助于提升产业链供应链韧性和安全水平;推进城乡融合和区域协调发展,有助于构建优势互补、高质量发展的区域经济布局和国土空间体系……高质量发展和高水平安全是一体两翼的统一整体,只有推动高质量发展才能确保重要产业、基础设施、战略资源、重大科技等关键领域安全可控,为有效防范化解各种重大风险挑战、推动现代化建设行稳致远提供坚实保障。

高质量发展不仅是对经济工作的要求,而且是贯通社会主义现代化建设各方面各领域各环节的要求。充分认识高质量发展对全面建设社会主义现代化国家的重大意义,坚定不移把思想和行动统一到以习近平同志为核心的党中央决策部署上来,我们一定能确保中国式现代化持续顺利推进,不断夺取全面建设社会主义现代化国家新胜利。

(《人民日报》2022 年 11 月 28 日)

2

强化现代化建设的
基础性战略性支撑

人民日报评论部

第十四届中国航展上,歼-16、运油-20、C919 大型客机、"鲲龙" AG600M 轮番登场,展示我国科技实力;天舟五号货运飞船发射任务取得圆满成功,两小时自主快速交会对接创造世界纪录……近段时间,中国科技事业捷报频传,收获累累硕果,"创新中国"引来世界关注。深入实施科教兴国战略、人才强国战略、创新驱动发展战略,我国正不断开辟发展新领域新赛道,不断塑造发展新动能新优势。

全面建设社会主义现代化国家,教育是基础,科技是关键,人才是根本。党的二十大报告明确提出"教育、科技、人才是全面建设社会主义现代化国家的基础性、战略性支撑",并首次将教育、科技、人才合为一个部分作出部署。我们必须全面理解教育、科技、人才在全面建设社会主义现代化国家中的地位作用，深刻认识新时代加快建设教育强国、科技强国、人才强国的历史使命，准确把握坚持教育优先发展、科技自立自强、人才引领驱动的相互关系。

建成世界上规模最大的教育体系，每年职业院校和高等学校向社会输送数以千万计专业技术人才后备力量；全社会研发经费支出从 1 万亿元增加到 2.8 万亿元，居世界第二位，研发人员总量居世界首位；基础研究和原始创新不断加强，一些关键核心技术实现突破，全球创新指数排名上升到第十一位……新时代十年，我国教育、科技、人才事业快速发展，为全面建成小康社会作出卓越贡献，为书写经济快速发展和社会长期稳定两大奇迹新篇章奠定坚实基础。奋进新征程、建功新时代、创造新伟业，必须坚持科技是第一生产力、人才是第一资源、创新是第一动力，更好发挥教育、科技、人才事业的基础性、战略性支撑作用。

面向未来，我们要坚持教育优先发展，下好推动党和国家各项事业发展的重要先手棋。教育是民族振兴、社会进步的重要基石。办好人民满意的教育、加快建设教育强国，必须全面贯彻党的教育方针，落实立德树人根本任务,坚持以人民为中心发展教育,加快建设高质量教育体系,加快推进教育现代化,不断使教育同党和国家事业发展要求相适应、同人民群众期待相契合、同我国综合国力和国际地位相匹配。

面向未来,我们要坚持科技自立自强,充分释放科技这个第一生产力、充分激活创新这个第一动力。科技创新是提高综合国力的关键支撑,新一轮科技革命和产业变革正在重构全球创新版图、重塑全球经济结构,我们必须牢牢坚持创新在我国现代化建设全局中的核心地位,牢牢把握建设世界科技强国的战略目标,努力在原始创新上取得新突破,在重要科技领域实现跨越发展,推动关键核心技术自主可控。加强科技基础能力建设是一项长期性、系统性工程,离不开进一步健全新型举国体制,深化科技体制改革,培育创新文化,弘扬科学家精神,努力形成具有全球竞争力的开放创新生态。

面向未来,我们要坚持人才引领驱动,把各方面优秀人才集聚到党和人民事业中来。培养造就大批德才兼备的高素质人才,是国家和民族长远发展大计。人才是实现民族振兴、赢得国际竞争主动的战略资源,硬实力、软实力,归根到底要靠人才实力。功以才成,业由才广。必须坚持党管人才原则,坚持面向世界科技前沿、面向经济主战场、面向国家重大需求、面向人民生命健康,深入实施新时代人才强国战略,全方位培养、引进、用好人才,加快建设世界重要人才中心和创新高地,为2035年基本实现社会主义现代化提供人才支撑,为2050年全面建成社会主义现代化强国奠定人才基础。

党的二十大报告将"建成教育强国、科技强国、人才强国"纳入2035年我国发展的总体目标。这是波澜壮阔的征途,这是万马奔腾的时代。加快建设教育强国、科技强国、人才强国,我们一定能为全面建成社会主义现代化强国凝聚强大动力、提供强大支撑。

(《人民日报》2022年11月30日)

3

全过程人民民主是最广泛
最真实最管用的民主

人民日报评论部

大型纪录片《征程》中,有这样一个案例:湖南省长沙市杨花村召开"小区夜话会",围绕反电信网络诈骗法草案征求立法意见,村民们踊跃参与,畅所欲言。党的十八大以来,从探索民情直通车、民主听证会、民主议政会等机制,到创设"立法直通车""小院议事厅""线上议事群"等形式,鲜活生动的人民民主实践,为全过程人民民主不断注入新的活力,为社会主义政治文明写下生动注脚。

人民民主是社会主义的生命,是全面建设社会主义现代化国家的应有之义。党的二十大报告把发展全过程人民民主确定为中国式现代化的本质要求之一,提出"全过程人民民主是社会主义民主政治的本质属性",就"发展全过程人民民主,保障人民当家作主"作出具体部署。我国全过程人民民主深深扎根于中国社会土壤中,是中国共产党领导人民百年奋斗的重大成果,是我国人民民主的最新发展,具有全链条、全方位、全覆盖的显著特征,是最广泛、最真实、最管用的民主。奋进新征程,必须坚定不移走中国特色社会主义政治发展道路,坚持党的领导、人民当家作主、依法治国有机统一,坚持人民主体地位,充分体现人民意志、保障人民权益、激发人民创造活力。

人民民主是我们党始终高举的旗帜。提出全过程人民民主重大理念,推动全过程人民民主取得历史性成就,是新时代我国民主政治领域一个具有重大创新意义的标志性成果。社会主义愈发展,民主也愈发展。人民群众就改革发展稳定的重大问题以及事关自身利益的问题,通过座谈、网络、民意调查等多种途径和方式,在决策之前和决策实施之中开展广泛协商;人大"开门立法",政府"开门问策",越来越多的群众意见转化为党和政府的重大决策;老百姓通过村民、居民、业主代表大会畅所欲言,推动公共事务管理……今天,全过程人民民主在中华大地展示出勃勃生机和强大生命力,中国人民的民主自信更加坚定,中国的民主之路越走越宽广。实践证明,我国全过程人民民主积极回应了人民对民主法治、公平正义的新要求新期待,是能够保证亿万人民当家作主、把国家和民族的前途命运牢牢掌握在自己手中的新型民主。

习近平总书记深刻指出:"没有民主就没有社会主义,就没有社会主义的现代化,就没有中华民族伟大复兴。"全面建设社会主义现代化国家,发展全过程人民民主既是其目标任务,也是其重要保障。全过程人民民主展现出的过程民主和成果民主、程序民主和实质民主、直接民主和间接民主、人民民主和国家意志相统一的鲜明特征,充分体现了社会主义民主政治的本质属性。从"十四五"规划建议编制开展"网络问计",到党的二十大报告在起草过程中广开言路、集智聚力,从人民群众充分参与基层公共事务管理,到企事业单位普遍建立民主管理制度,全过程人民民主落实到治国理政各方面,为党和国家事业发展提供了有力保障。我们要继续推进全过程人民民主建设,把人民当家作主具体地、现实地体现到党治国理政的政策措施上来,具体地、现实地体现到党和国家机关各个方面各个层级工作上来,具体地、现实地体现到实现人民对美好生活向往的工作上来。

房产证难办怎么办？如何创造更好的营商环境？噪声污染严重找谁管？……党的十八大以来，在人民网"领导留言板"上，有超过300万件群众意见建议获得回复办理。一块留言板，成为倾听心声、了解困难、吸纳建议的沟通平台，促成群众关心的问题的有效解决，生动展现了全过程人民民主的独特优势。全过程人民民主是个新事物，也是个好事物。用全过程人民民主最广泛地动员和组织全体人民以主人翁地位投身社会主义现代化建设，我们一定能汇聚磅礴力量，向着建成富强民主文明和谐美丽的社会主义现代化强国、实现中华民族伟大复兴的宏伟目标不断迈进。

（《人民日报》2022年12月2日）

4

在法治轨道上全面建设
社会主义现代化国家

人民日报评论部

今日中国，法治贯穿于治国理政各个环节。强化反垄断和反不正当竞争执法司法，营造各类市场主体公平参与竞争、同等受法律保护的市场环境；加快形成系统完备的涉外法律法规体系，服务保障更高水平对外开放；全面实施检察公益诉讼制度，促进生态环境与资源保护；加大法治乡村建设力度，为乡村全面振兴增添法治亮色……中国特色社会主义实践每向前推进一步，社会主义法治国家建设就跟进一步。新时代十年，我国全面依法治国总体格局基本形成，人民群众法治获得感、幸福感、安全感不断增强。

全面依法治国是坚持和发展中国特色社会主义的本质要求和重要保障，关系党执政兴国，关系人民幸福安康,关系党和国家长治久安。习近平总书记在党的二十大报告中强调"全面依法治国是国家治理的一场深刻革命",提出"在法治轨道上全面建设社会主义现代化国家"。这些重要论述凸显了法治建设事关根本的战略地位,明确了法治建设服务保障党和国家工作大局的战略任务。全面建设社会主义现代化国家,必须把全面依法治国摆在全局性、战略性、基础性、保障性位置,坚持走中国特色社会主义法治道路,建设中国特色社会主义法治体系、建设社会主义法治国家,使党和国家各项事业始终在法治轨道上运行。

法治兴则民族兴,法治强则国家强。当前,实现中华民族伟大复兴进入关键时期,我国发展面临新的战略机遇、新的战略任务、新的战略阶段、新的战略要求、新的战略环境,需要更好发挥法治固根本、稳预期、利长远的作用。改革发展稳定离不开法治护航,经济社会建设需要法治保护,百姓平安福祉要靠法治守卫,全面依法治国是全面建设社会主义现代化国家的必然要求。奋进新征程,夺取中国特色社会主义新胜利,必须把保障人民根本权益作为法治建设的出发点和落脚点,积极回应推进中国式现代化的法治需求,进一步强化社会主义现代化建设的法治保障。

"法者,治之端也",法治是国家治理体系和治理能力的重要依托。全面加强宪法实施和监督,编纂民法典,中国特色社会主义法律体系日趋科学完善;深化行政体制改革,全面推行行政执法"三项制度",法治政府建设扎实推进;深化以司法责任制为重点的司法体制改革,推进以审判为中心的刑事诉讼制度改革,严格落实防止干预司法"三个规定",司法公信力显著提升;开展扫黑除恶专项斗争,社会公平正义法治保障更加有力……党的十八大以来,全面依法治国取得历史性成就,我们党运用法治方式领导和治理国家的能力显著增强。坚持全面依法治国,是我国国家制度和国家治理体系的一大显著优势。着力固根基、扬优势、补短板、强弱项,推动各方面制度更加成熟、更加定型,必能更好发挥法治对国家治理现代化的促进作用。

　　习近平总书记指出:"一个错案的负面影响足以摧毁九十九个公正裁判积累起来的良好形象。执法司法中万分之一的失误,对当事人就是百分之百的伤害。"法治为了人民、依靠人民、造福人民、保护人民。从在全国各地设立基层立法联系点,问计于民汇集民意民智,到实行立案登记制改革,有效解决长期困扰群众的"立案难"问题,再到制定网络安全法、电子商务法,修改消费者权益保护法,有力保障人民群众各项权益,党的十八大以来,法治中国前行的每一步,都深深印刻着"人民"两个字。坚持法治体系建设正确方向,必须牢牢坚持党的领导,始终坚持以人民为中心,把体现人民利益、反映人民愿望、维护人民权益、增进人民福祉落实到法治体系建设全过程。

全面依法治国既是深刻的社会变革,也是长期而重大的历史任务。回顾过往,从"依法治国"到"全面依法治国",从"社会主义法律体系"到"社会主义法治体系",从"有法可依、有法必依、执法必严、违法必究"到"科学立法、严格执法、公正司法、全民守法",我国社会主义法治建设的思路越来越清晰,定位越来越精准,举措越来越到位。以习近平法治思想为指导推进法治中国建设,认真贯彻党的二十大精神,提高全面依法治国能力和水平,就一定能为全面建设社会主义现代化国家、实现第二个百年奋斗目标筑牢法治基石。

(《人民日报》2022 年 12 月 6 日)

5

增强实现中华民族
伟大复兴的精神力量

人民日报评论部

反映文字起源的贾湖刻符龟甲和新石器时代刻符彩陶钵,商周时期刻有铭文的青铜器版方鼎、何尊,刻印精致的罕见宋刻本、元刻本古籍……在国家版本馆中央总馆,"斯文在兹——中华古代文明版本展"将文献记载和文物实物相结合,实证我国百万年的人类史、一万年的文化史、五千年的文明史。源远流长、博大精深的中华文明,为中华民族生生不息、发展壮大提供了丰厚滋养,鼓舞着中华儿女自信自强地行进在复兴大道上。

从成立之日起,我们党就以高度的文化自觉自信把建设民族的科学的大众的中华民族新文化作为自己的使命。进入新时代,我们党把文化建设提升到一个新的历史高度,把文化自信和道路自信、理论自信、制度自信并列为中国特色社会主义"四个自信",把坚持马克思主义在意识形态领域指导地位的制度确立为中国特色社会主义制度体系的一项根本制度,把坚持社会主义核心价值体系纳入新时代坚持和发展中国特色社会主义的基本方略,把物质文明和精神文明相协调作为中国式现代化的一个鲜明特色……一系列战略谋划和战略部署,推动我国文化建设在正本清源、守正创新中取得历史性成就、发生历史性变革,为新时代坚持和发展中国特色社会主义、开创党和国家事业全新局面提供了强大正能量。习近平总书记在党的二十大报告中强调:"全面建设社会主义现代化国家,必须坚持中国特色社会主义文化发展道路,增强文化自信"。这一重要要求,进一步凸显了文化建设在中国特色社会主义事业全局中的重要地位,把我们党对文化作用和文化发展规律的认识提升到一个新的境界。

全面建设社会主义现代化国家,文化的地位不可替代,文化的作用更加凸显。2022年金秋时节,一项重大文化工程的最新进展吸引国人目光:以中华民族伟大复兴为主题、以思想史为基本线索的《复兴文库》

出版发行。"修史立典，存史启智，以文化人，这是中华民族延续几千年的一个传统。"习近平总书记为丛书作序，发出"坚定历史自信、把握时代大势、走好中国道路"的时代强音。没有社会主义文化繁荣发展，就没有社会主义现代化。新时代新征程的使命任务，要求我们从历史长河中看待文化推动人类文明进步的重要功能，在时代大潮中把握文化引领社会变革的重要作用，在人的全面发展中发挥文化创造美好生活的重要价值，发展社会主义先进文化，弘扬革命文化，传承中华优秀传统文化，以中华文化繁荣兴盛为全面推进中华民族伟大复兴提供更为主动、更为强大的精神力量。

文化自信自强，事关国运兴衰、事关文化安全、事关民族精神独立性。回顾过往，从诗经、楚辞到汉赋、唐诗、宋词、元曲以及明清小说，从《格萨尔王传》《玛纳斯》到《江格尔》史诗，从五四时期新文化运动、新中国成立到改革开放的今天，产生了灿若星辰的文艺大师，留下了浩如烟海的文艺精品，生动说明中华民族有着强大的文化创造力。当代中国正经历着我国历史上最为广泛而深刻的社会变革，也正在进行着人类历史上最为宏大而独特的实践创新，这为文化创新创造提供了丰厚的土壤。人民群众改善生活品质、走向共同富裕的新期待,对文化建设提出新的更高要求。坚持中国特色社会主义文化发展道路,围绕举旗帜、聚民心、育新人、兴文化、展形象建设社会主义文化强国,在实践创造中进行文化创造,在历史进步中实现文化进步,就一定能以高度的文化自信不断提升国家文化软实力和中华文化影响力。

文化如水,润物无声。朱熹园中,感慨"如果没有中华五千年文明,哪里有什么中国特色?如果不是中国特色,哪有我们今天这么成功的中国特色社会主义道路?";三苏祠里,强调"要善于从中华优秀传统文化中汲取治国理政的理念和思维";莫高窟下,指出"只有充满自信的文明才能在保持自己特色的同时包容、借鉴、吸收各种文明的优秀成果"……党的十八大以来,以习近平同志为核心的党中央以高度的文化自觉谋划文化发展,引领中国人民不断坚定文化自信。我们现在是距离中华民族文化复兴最近的一个时代,我们自信起来了。同时,也更加需要增强实现中华民族伟大复兴的精神力量。扬帆新征程,激发全民族文化创新创造活力,推进文化自信自强,铸就社会主义文化新辉煌,我们就一定能为实现第二个百年奋斗目标、实现中华民族伟大复兴提供强大的价值引领力、文化凝聚力和精神推动力。

（《人民日报》2022 年 12 月 8 日）

6

让现代化建设成果更多
更公平惠及全体人民

人民日报评论部

　　《个人养老金实施办法》发布,为满足人民群众多层次多样化养老保障需求提供新选择;"2023届高校毕业生校园招聘月"系列活动启动,为促进高质量充分就业搭建多元平台;各地贯彻落实优化新冠疫情防控工作的二十条措施和进一步优化落实新冠疫情防控的十条措施,更好统筹疫情防控和经济社会发展……一段时间以来,各地区各部门认真学习贯彻党的二十大精神,围绕增进民生福祉、做好民生保障推出一系列务实举措,展现出奋进新征程的新担当新作为。

　　治国有常,利民为本。党的二十大报告将"坚持以人民为中心的发展思想"明确为前进道路上必须牢牢把握的重大原则之一,强调"为民造福是立党为公、

174

执政为民的本质要求",要求"坚持在发展中保障和改善民生,鼓励共同奋斗创造美好生活,不断实现人民对美好生活的向往"。这些重要论述,科学回答了我是谁、为了谁、依靠谁这个根本问题,充分彰显了中国共产党的性质宗旨和初心使命。向着新的奋斗目标出发,必须坚持以人民为中心的发展思想,不断实现发展为了人民、发展依靠人民、发展成果由人民共享,让现代化建设成果更多更公平惠及全体人民。

在新时代十年的伟大变革中,深入贯彻以人民为中心的发展思想是一个鲜明特征。从基本养老保险覆盖10.4亿人到改造棚户区住房4200多万套,从打好蓝天、碧水、净土保卫战到扎实推进义务教育"双减"工作,从推动垃圾分类、清洁取暖、厕所革命到坚持"房子是用来住的,不是用来炒的"……以习近平同志为核心的党中央把"让老百姓过上好日子"作为一切工作的出发点和落脚点,把补齐民生保障短板、解决好人民群众急难愁盼问题作为社会建设的紧迫任务,推动人民生活全方位改善,人民群众获得感、幸福感、安全感更加充实、更有保障、更可持续。华夏大地上,书写着温暖人心的民生保障答卷,演绎着激动人心的团结奋斗故事,见证着"让人民生活幸福是'国之大者'"

的发展底色。

犹记党的十八大后，习近平总书记用 10 个"更"字，描述人民的期盼。"现代化的本质是人的现代化"，中国式现代化，锚定的是人民对美好生活的向往。"更好的教育"改变无数人命运，"更稳定的工作"托举起更多精彩的人生，"更满意的收入"充实了普通家庭的物质基础，"更可靠的社会保障"为亿万人民生活兜底，"更高水平的医疗卫生服务"护佑人们身体健康，"更舒适的居住条件"让更多人安居乐居，"更优美的环境"不断提升生态福祉……我们推进的现代化，是中国共产党领导的社会主义现代化，人民是逻辑起点，人民是价值旨归。只有不断促进人的全面发展，现代化才有不竭的动力，现代化之路才能越走越宽广。

用发展的眼光看，人民群众对美好生活的需要是一个动态发展的过程，人的全面发展也是一个不断发展的过程。坚持以人民为中心的发展思想，必须落实到各项决策部署和实际工作之中。完善分配制度，在实现高质量发展中促进共同富裕；实施就业优先战略，使人人都有通过勤奋劳动实现自身发展的机会；健全社会保障体系，为广大人民群众提供更可靠更充分的保障；推进健康中国建设，持续增进人民群众健康福

176

祉……用心用情用力解决群众关心的就业、教育、社保、医疗、住房、养老、食品安全、社会治安等实际问题，一步一个脚印沿着正确的道路往前走，必能让人民生活的幸福成色更足。

行程万里，不忘初心。在胡同给快递员拜年，在工地同农民工交谈，在清洁站称赞环卫工人是城市的"美容师"，在田间地头问收成……习近平总书记每次到基层考察，都会来到群众中间，拉家常、问冷暖，体现出深厚的人民情怀。新的起点，新的奋斗，全党必须始终与人民风雨同舟、与人民心心相印，想人民之所想，行人民之所嘱。不断把人民对美好生活的向往变为现实，这是时代的呼唤，这是历史的见证！

（《人民日报》2022 年 12 月 12 日）

7

站在人与自然和谐共生的
高度谋划发展

人民日报评论部

过去重卡阻路、煤灰遮天，如今高天流云、焕然一新。在青海省木里矿区，因为大规模非法采矿导致的"天坑"，已经初步实现生态修复。党的十八大以来，长江流域"化工围江"难题加速破解，祁连山重回水草丰茂，内蒙古"一湖两海"综合治理全面推进，四川省成都市治理大气污染、再现"窗含西岭千秋雪"……锦绣华夏，更多地方生态环境不断得到明显改善。

大自然是人类赖以生存发展的基本条件。习近平总书记在党的二十大报告中，深刻阐述了人与自然和谐共生是中国式现代化的重要特征，提出"尊重自然、顺应自然、保护自然，是全面建设社会主义现代化国家的内在要求"的重要论断，并作出推动绿色发展、促进人与自然和谐共生的重大部署。坚持人与自然和谐共生,是满足人民群众对美好生活向往的必然选择,是新时代坚持和发展中国特色社会主义的基本方略之一。坚持以习近平生态文明思想为指导,准确理解把握促进人与自然和谐共生的重大意义和重点任务,坚定不移走生产发展、生活富裕、生态良好的文明发展道路,才能不断筑牢全面建设社会主义现代化国家的绿色根基,实现中华民族永续发展。

"生态保护方面我无论是鼓励推动,还是批评制止,都不是为一时一事,而是着眼于大生态、大环境,着眼于中国的可持续发展、中华民族的未来。"习近平总书记的话语振聋发聩。放眼世界,人类进入工业文明时代以来,在创造巨大物质财富的同时,也加速了对自然资源的攫取,打破了地球生态系统平衡,人与自然深层次矛盾日益显现。从我国基本国情来看,人口众多、资源相对不足、环境承载力较弱,生态环境保护任务依然艰巨。人口规模巨大和现代化的后发性,决定了我国实现现代化将面临更强的资源环境约束,必须摒弃西方国家以资本为中心、物质主义膨胀、先污染后治理的现代化老路,牢固树立和践行绿水青山就是金山银山的理念,努力走人与自然和谐共生的新路。

生态兴则文明兴。党的十八大以来，以习近平同志为核心的党中央以前所未有的力度抓生态文明建设，推动我国生态环境保护发生历史性、转折性、全局性变化。全国 74 个重点城市 $PM_{2.5}$ 平均浓度下降了 56%，我国成为全球大气质量改善速度最快的国家；地表水 I—Ⅲ类优良水体断面比例达到 84.9%，接近发达国家水平；森林面积增长了 7.1%，成为全球"增绿"的主力军……实践充分证明，只要我们站在人与自然和谐共生的高度谋划发展，着力攻克老百姓身边的突出生态环境问题，推动经济社会发展绿色化、低碳化，就能让祖国天更蓝、山更绿、水更清，让人民群众共享自然之美、生命之美、生活之美。

生态环境保护是一个复杂的系统性工程，也是一个需要付出长期艰苦努力的过程。我国生态文明建设进入了以降碳为重点战略方向、推动减污降碳协同增效、促进经济社会发展全面绿色转型、实现生态环境质量改善由量变到质变的关键时期。一方面要坚持系统观念，坚持山水林田湖草沙一体化保护和系统治理，统筹产业结构调整、污染治理、生态保护、应对气候变化，协同推进降碳、减污、扩绿、增长。另一方面要抓住重点领域、关键环节，在加快发展方式绿色转型、深入推进环境污染防治、提升生态系统多样性稳定性持续性、积极稳妥推进碳达峰碳中和等方面下更大功夫。咬定青山不放松，撸起袖子加油干，美丽中国必将一步一步成为现实。

"从历史长河来看，如果说我们这一代人能留给后人点什么，我看生态文明建设就是很重要的一个方面。"从长白山下到三江平原，从苍山洱海到秦岭山麓，习近平总书记到各地考察，总会嘱托要保护生态环境。广大干部群众心怀"国之大者"，努力建设人与自然和谐共生的现代化，一定能够让良好生态环境成为人民生活质量的增长点，让绿色成为高质量发展的亮丽底色，不断谱写全面建设社会主义现代化国家新篇章。

（《人民日报》2022 年 12 月 14 日）